Polyglott-Sprachführer

Katalanisch

für die Costa Brava
und Mallorca

Polyglott-Verlag München

Herausgegeben von der Polyglott-Redaktion
Bearbeiter: Dr. Rolf Reichert

Der Verlag dankt Herrn *Professor Dr. Günther Haensch* für die engagierte Mitarbeit und fachliche Beratung bei der Entstehung dieses Titels. Er schrieb auch die *Einführung* zu diesem Buch.

Der Verlag ist ferner der *Direcció General de Política Lingüística,* dem für die katalanische Sprache zuständigen Amt der katalanischen Regionalregierung *(Generalitat de Catalunya)*, für die sprachliche Durchsicht dieses Führers zu besonderem Dank verpflichtet.

ERKLÄRUNG DER WICHTIGSTEN AUSSPRACHEZEICHEN

[ä] wie *ä* in M*ä*rz
[e] wie *e* in S*ee*
[ᵉ] wie *e* in G*e*birg*e*
[ɔ] wie *o* in *o*ffen
[o] wie *o* in *O*fen

Alle Selbstlaute, auch geschlossenes *e* und *o,* werden kurz ausgesprochen

[β] Reibelaut wie in span. la*v*ar
[ð] Reibelaut wie in engl. *th*is
[γ] Reibelaut wie in span. la*g*o
[s] stimmhaftes s wie in Ro*s*e
[ß] stimmloses s wie in rei*ß*en
[G] wie in *G*enie

Nicht aufgeführte Buchstaben bzw. Laute werden wie im Deutschen ausgesprochen. Das Betonungszeichen steht hinter dem Selbstlaut der betonten Silbe.

Auflage:	6.	5.	4.	3.	2.	1.	Letzte Zahlen
Jahr:	1992	91	90	89	88	87	maßgeblich

Printed in Germany / Druckhaus Langenscheidt, Berlin
Umschlag: Prof. Richard Blank
ISBN 3-493-61141-2

Inhaltsverzeichnis

Hinweise für den Benutzer

Die obenstehende Landkarte gibt Aufschluß über die Verbreitung der katalanischen Sprache. Sie können viele Sympathien gewinnen, wenn Sie sich den Katalanisch sprechenden Menschen gegenüber – in Hotels oder im Restaurant, an Tankstellen oder beim Erfragen des Weges – auf Katalanisch ausdrücken. Dabei will Ihnen dieser Sprachführer helfen. Seine übersichtliche Gliederung macht seine Benutzung denkbar einfach, wenn Sie die nachfolgenden Hinweise beachten:

1. Die *Bildsymbole* (auf Seite 1 und der vorderen Innenseite des Umschlags) helfen Ihnen, das gesuchte Kapitel schnell und problemlos aufzufinden.
2. Auf Seite 2 finden Sie die Hinweise zur *Aussprache*, auf Seite 6 knappe Erläuterungen zur *Grammatik*, die Sie vor der Benutzung des Sprachführers studieren sollten.
3. Der Sprachführer enthält fünfzehn nach *Sachgebieten* geordnete Einzelkapitel. Die *linke Spalte* jeder Seite bietet in der Regel die wichtigsten deutschen Wendungen und Wörter mit einer danebenstehenden katalanischen Übersetzung *(mittlere Spalte)* und der einfachen Lautschrift *(rechte Spalte)*. Häufig vorkommende Aufschriften finden Sie mit den entsprechenden Übersetzungen in einem *Kasten*.
4. Gelegentlich wurden zwecks Platzersparnis mehrere Sätze zusammengefaßt. In diesem Fall sind die auszutauschenden Wörter oder Satzteile durch *Schrägdruck* gekennzeichnet.
5. Ein *Sternchen* (*) zu Beginn eines Satzes zeigt an, daß Sie eine solche Frage oder Antwort von Ihrem Gesprächspartner hören können.
6. Ein ausführliches *Register* am Ende dieses Sprachführers enthält wichtige Stichwörter zu den einzelnen Sachgebieten und hilft Ihnen, die Übersetzung von Einzelwörtern oder Wendungen schnell und gezielt zu ermitteln.
7. Die innere Umschlagseite im hinteren Teil des Buches enthält ein kleines Glossar wichtiger katalanischer geographischer Namen mit ihrer spanischen (oder französischen) Entsprechung (z. B. ist kat. *Lleida* span. *Lérida*, kat. *El Voló* ist französ. *Le Boulou)*, da in Landkarten oder Reiseführern die katalanischen Bezeichnungen oft noch nicht aufgenommen sind.

Und nun wünschen wir: *Feliç viatge!*

Einführung

Das Katalanische ist eine wichtige europäische Kultursprache mit ca. 6 Millionen Sprechern. Nach jahrzehntelanger Unterdrückung durch das Franco-Regime hat es seine frühere Stellung als Sprache der Verwaltung, der Justiz, des Unterrichtswesens, z. T. auch der Massenmedien, zurückgewonnen. Vielerorts wird man Ortsschilder, Hinweistafeln usw. nur noch in katalanischer Sprache finden, wo man gewohnt war, sie auf Spanisch lesen zu können. Somit ist diese Sprache in den Gebieten katalanischer Zunge sehr wichtig.

Ursprung, Entwicklung und Verbreitung der katalanischen Sprache

Das Katalanische ist nicht, wie viele Ausländer und auch nicht wenige Spanier glauben, ein Dialekt des Spanischen, sondern eine selbständige romanische Sprache wie z. B. auch das Portugiesische, Französische oder Italienische. Es hat sich zuerst im Nordteil des heutigen Katalonien entwickelt und wurde dann durch Eroberung der von den Mauren besetzten Gebiete nach Süden (Tarragona, Valencia) und Osten (auf die Balearen) getragen.

Das Katalanische nimmt eine Brückenstellung zwischen den anderen iberoromanischen Sprachen Spanisch und Portugiesisch einerseits und den Okzitanischen oder Provenzalischen ein. Ursprünglich stark nach Südfrankreich orientiert, verlagerte sich das Schwergewicht der katalanischen Politik im Hochmittelalter auf die Iberische Halbinsel und in den Mittelmeerraum. Katalanische Könige waren jahrhundertelang Herrscher über die sog. katalanisch-aragonesische Konföderation, die das heutige Katalonien, Aragonien, Valencia und Balearen, die französische Landschaft Roussillon und lange Zeit auch Sizilien, Neapel, Sardinien und sogar Teile von Griechenland umfaßte.

Im Mittelalter entstand eine bedeutende Literatur in katalanischer Sprache. Eine der wichtigsten Quellen des internationalen Seerechts, das sog. *Consolat del Mar,* ist in katalanischer Sprache verfaßt. In der Renaissancezeit gab es noch eine bedeutende Literatur in katalanischer Sprache.

Durch die Vereinigung der katalanisch-aragonesischen Konföderation mit Kastilien (durch die Heirat von Ferdinand von Aragonien mit Isabella von Kastilien) wurde zwar die Einheit Spaniens verwirklicht, dies sollte aber – durch das Übergewicht Kastiliens – auf Kosten der katalanischen Sprache und Kultur gehen. Damals begann der Niedergang der katalanischen Sprache und Kultur, der unter dem Namen *Recadència* bekannt ist.

Unter dem Einfluß der europäischen Romantik begann nach 1830 eine Wiedergeburt der katalanischen Sprache und Literatur, die sog. *Renaixença,* die bald alle Sphären des kulturellen Lebens erfassen sollte. 1906 fand der „Erste Internationale Kongreß der katalanischen Sprache“ in Barcelona statt. 1907 wurde als eine Art katalanischer Sprachakademie das *Institut d'Estudis Catalans* gegründet. Vor allem durch das Schaffen von Pompeu Fabra wurde die katalanische Sprache kodifiziert: 1913: Rechtschreibung, 1918: Grammatik und 1932: normatives Wörterbuch.

Unter der Zweiten Republik (1931) erhielt Katalonien ein Autonomiestatut, und es begann bis zum Ausbruch des spanischen Bürgerkrieges (1936) eine neue Blütezeit der katalanischen Kultur. Nach dem Ende des Bürgerkrieges (1939) setzte eine regelrechte Verfolgung der katalanischen Sprache und Kultur ein. Erst allmählich konnte das Katalanische seine früheren Positionen zurückgewinnen. Ab 1960 durften wieder Bücher in katalanischer Sprache erscheinen. Durch das Zweite Vatikanische Konzil wurde das Katalanische als Sprache der Liturgie eingeführt. Das Taschenbuch, die Schallplatte und die Tonbandkassette trugen ebenfalls zur Festigung der Situation der katalanischen Sprache und Kultur bei. Nach dem Tod Francos und im Rahmen des Demokratisierungsprozesses, der in Spanien eingeleitet wurde, hat das Katalanische immer mehr Positionen zurückgewonnen, und wenn diese Wiedergewinnung der sprachlichen Identität auch noch nicht abgeschlossen ist, kann man doch feststellen, daß das Katalanische heute als wichtige europäische Sprache gefestigt dasteht.

Kurzgrammatik

Geschlechtswort (Artikel)

Bestimmter Artikel

	männlich	weiblich
Einzahl	el nen	la nit
Mehrzahl	els nens	les nits

Vor Selbstlauten und stummem *h* wird *el* zu *l'*; *la* wird zu *l'* vor Selbstlauten (außer vor unbetontem *i, u*).

Unbestimmter Artikel

	männlich	weiblich
Einzahl	un	una
Mehrzahl	uns	unes

Bei Personennamen wird außerdem ein sogenannter persönlicher Artikel gebraucht. Er lautet bei männlichen Namen *en* (*n'* vor Selbstlaut), bei weiblichen *na* (*n'* vor Selbstlauten, außer vor unbetontem *i, o, u*): *en Pere* (Peter), *n'Antònia* (Antonia).

Verhältniswörter+Geschlechtswort

a + el = al	de + el = del
a + els = als	de + els = dels
per + el = pel	ca + el = cal
per + els = pels	ca + els = cals

Hauptwörter (Substantive)

Das Geschlecht der Hauptwörter läßt sich im allgemeinen an der Endung erkennen.

Männlich sind die meisten Hauptwörter auf *à, i* oder *u*; die auf *a* oder *ó* endenden sind zumeist weiblich. Hauptwörter mit der Endung *e* können sowohl männlich wie weiblich sein.

Die Mehrzahl wird in der Regel durch Anhängen eines *s* gebildet, wobei auslautendes *a* zu *e* wird: *el bou* der Ochse – *els bous* die Ochsen; *la dona* die Frau – *les dones* die Frauen.

Bei den auf betonte Selbstlaute ausgehenden Wörtern (*el germà* der Bruder) wird in der Mehrzahl ein *n* (*els germans* die Brüder), bei den auf *s* oder *x* endenden ein *o* eingeschoben (*el peix* der Fisch – *els peixos* die Fische).

Eigenschaftswörter (Adjektive)

Sie richten sich in Geschlecht und Zahl nach dem Hauptwort oder der Person, auf die sie sich beziehen.

Zahlreiche Eigenschaftswörter zeigen keinen Unterschied zwischen männlicher und weiblicher Form: *igual* gleich. Bei den übrigen wird die weibliche Form durch Anhängen eines *a* gebildet; hierbei fällt auslautendes *e* weg, auslautendes *c* wird zu *g, t* zu *d, u* zu *v, ig* zu *j* oder *tj*: z. B. *pobre, pobra* arm; *mullat, mullada* naß; *groc, groga* gelb; *blau, blava* blau; *roig, roja* rot; *mig, mitja* halb.

Im übrigen gelten, wie auch für die Bildung der Mehrzahl, die gleichen Regeln wie bei den Hauptwörtern: *l'home català* der katalanische Mann; *els homes catalans* die katalanischen Männer; *la dona catalana* die katalanische Frau; *les dones catalanes* die katalanischen Frauen.

Das betonte persönliche Fürwort (Pronomen)

Einzahl		Mehrzahl	
jo	ich	*nosaltres*	wir
tu	du	*vosaltres*	ihr
ell	er	*ells*	sie (männl.)
ella	sie	*elles*	sie (weibl.)

Das Zeitwort (Verb)

Entsprechend der Infinitivendung werden im Katalanischen drei Gruppen unterschieden: Verben auf *-ar, -re* (oder *-er*) und *-ir*.

Die Gegenwartsformen der wichtigsten Zeitwörter *haver, èsser* und *anar* (diese dienen zugleich der Bildung der zusammengesetzten Zeiten) lauten:

Person	*haver*	haben
ich ...	*he*	habe
du ...	*has*	hast
er/sie/es ...	*ha*	hat
wir ...	*hem*	haben
ihr ...	*hen*	habt
sie ...	*han*	haben
Person	*èsser*	sein
ich ...	*soc*	bin
du ...	*ets*	bist
er/sie/es ...	*es*	ist
wir ...	*som*	sind
ihr ...	*son*	seid
sie ...	*son*	sind
Person	*anar*	gehen
ich ...	*vaig*	gehe
du ...	*vas*	gehst
er/sie/es ...	*va*	geht
wir ...	*vam*	gehen
ihr ...	*van*	geht
sie ...	*van*	gehen

Allgemeines

Gruß und Anrede

Guten *Morgen* (*Tag, Abend*).	*Bon dia (bona tarda**, *bona nit)*. *) die *tarda* reicht vom Mittag bis zur Dämmerung	bɔn di'^{e} (bɔ'n^e ta'rð^e, bɔ'n^e nit)
Hallo / Grüß dich!	Hola / Déu vós guard!	ɔ'l^e / de'u βus γua'rt
Herr / Frau / Fräulein ...	Senyor / Senyora / Senyoreta ...	ß^{e}njo' / ß^{e}njo'r^e / ß^{e}njurä't^e
Wie geht es *dir (Ihnen)*?	Com *estàs (està)*?	kɔm ^{e}ßta'ß (^{e}ßta')
Wie geht's?	Com va (això)?	kɔm ba(‿schɔ')
Auf Wiedersehen.	Adéu / Passi-ho bé.	^{e}ðe'u / pa'ßiu βe
Bis *bald (morgen, später)*.	Fins *ara (demà, després)*.	fins‿a'r^e (ð^{e}ma', ð^{e}ßpre'ß)
Tschüß / Servus.	Adéu / Que vagi bé!	^{e}ðe'u / k^e βa'Gi βe
Gute Nacht.	Bona nit.	bɔ'n^e nit
Gute Reise.	Bon viatge.	bɔm bia'dG^e
Grüßen Sie ... von mir.	Saludi ... de part meva.	ß^{e}lu'ði ... d^e part me'β^e

Persönliches

Wie ist Ihr Name, bitte?	Com es diu, si us plau?	kɔm^{e}s ði'u, ßi uß pla'u
Das ist mein *Mann (Freund, Sohn, Vater)*.	Li presento el meu *marit (amic, fill, pare)*.	li pr^{e}se'ntul me'u m^{e}ri't (^{e}mi'k, filj, pa'r^e)
Das ist meine *Frau (Freundin, Tochter, Mutter)*.	Li presento la meva *dona (amiga, filla, mare)*.	li pr^{e}se'ntu l^e me'β^e ðɔ'n^e (mi'γ^e, fi'lj^e, ma'r^e)
Woher *kommen Sie (kommst du)*?	D'on *ve (véns)*?	dom be (benß)
Ich komme aus *Deutschland (Österreich, der Schweiz)*.	Vinc *d'Alemanya (d'Àustria, de Suïssa)*.	bing ð^{e}l^{e}ma'nj^e (ða'ußtri^e, ð^e sui'ß^e)
Wir wohnen in Bonn.	Vivim a Bonn.	biβi'm^e βonn
Wir wohnen im Hotel ...	Ens estem a l'hotel ...	^{e}ns‿^{e}ßtä'm‿^{e} lutä'l
Ich bin zum *ersten (dritten)* Mal hier.	És la *primera (tercera)* vegada que vinc.	es l^e prime'r^e (t^{e}rße'r^e) β^{e}γa'ð^e k^e βi'ng

Einfache Wendungen / Entschuldigung / Dank

Ja	Sí	ßi
Nein	No	no
Niemals	Mai	ma'i
Danke (sehr).	(Moltes) gràcies. / Molt agraït.	(mo'lt^{e}s) γra'ßi^{e}ß / molt ^{e}γr^{e}i't
Bitte (sehr) / Keine Ursache!	Si us plau / De res!	ßi uß pla'u / d^e rräß
Ja, bitte.	Sí, gràcies.	ßi, γra'ßi^{e}ß
Nein, danke.	No, gràcies.	no, γra'ßi^{e}ß
Schade. / Das tut mir leid.	Quina llàstima! / Em sap greu.	ki'n^e lja'ßtim^e / ^{e}m sab γre'u

Entschuldigung!	Perdó!	p^{e}rðo'
Vielleicht (nicht). / (Sehr) gerne!	Potser *sí (no)*. / Amb molt de gust.	putße' ßi (no) / ^{e}m mol d^e γußt
Gut, einverstanden.	Bé, d'acord.	be, d^{e}kɔ'rt
Viel Vergnügen!	Que es diverteixi(n) força!	k^{e}s ðiβ^{e}rtä'schi(n) fɔ'rß^e
Viel Glück!	Bona sort!	bɔ'n^e ßɔrt
Herzlichen Glückwunsch!	Moltes felicitats! / Per molts anys!	mo'lt^{e}ß f^{e}lißita'tß / p^{e}r mols‿a'njß

Verständigung

Spricht hier jemand Deutsch?	Hi ha algú que parli alemany?	ja‿lγu' k^e pa'rli ^{e}l^{e}ma'nj
Wie heißt das auf Katalanisch?	Com es diu això en català?	kɔm ^{e}s ði'u ^{e}schɔ'n k^{e}t^{e}la'
Wie bitte?	Com diu?	kɔm di'u
Ich verstehe Sie nicht (gut).	No l'entenc (bé).	no l^{e}nte'ng (βe)
Bitte sprechen Sie etwas langsamer.	Faci'm el favor de parlar una mica més a poc a poc.	fa'ßim ^{e}l f^{e}βo'r ð^e p^{e}rla' u'n^e mi'k^e me's^e pɔ'k^e pɔ'k
Schreiben Sie es bitte auf.	Escrigui-ho, si us plau	^{e}ßkri'γiu, ßi uß pla'u

Allgemeine Fragen / Bitten / Wünsche

Wann / Wer / Wo(hin)?	Quan / Qui / (A)on?	kua'n / ki / ^{e}o'n
Was ist das?	Què és això?	kä es ^{e}schɔ'
Was kostet das?	Quant costa això?	kua'n kɔ'ßt^e schɔ'
Wieviel(e)?	Quant(s)?	kua'n(ß)
Wie lange?	Quant (de) temps?	kua'n (de) temß
Wo ist . . . ?	On és . . . ?	on‿e'ß
Wo gibt es . . . ?	On hi ha . . . ?	on‿ja'
Gibt es hier . . . ?	Hi ha . . . aquí?	ja . . . ^{e}ki'
Wo sind wir hier?	On som?	on‿so'm
***Wo (Wann)* treffen wir uns?**	*On (quan)* ens trobarem?	on (kua'n) ^{e}nß truβ^{e}rä'm
Wie spät ist es?	Quina hora és?	kin‿ɔr‿eß
Wann wird . . . *geöffnet (geschlossen)*?	A quina hora *obren (tanquen)* . . . ?	^{e} kin‿ɔ'r^e ɔ'βr^{e}n (ta'nk^{e}n)
Ich suche . . .	Busco . . . / Cerco . . .	bu'ßku / ßä'rku
Ich möchte *Herrn (Frau, Fräulein)* . . . sprechen.	Voldria parlar amb *el senyor (la senyora, la senyoreta)* . . .	buldri'^{e} p^{e}rla'‿mb‿^{e}l ß^{e}njo' (^{e}m l^e ß^{e}njo'r^e, ^{e}m l^e ß^{e}njurä't^e)
Kann ich eine Nachricht hinterlassen?	Puc deixar un encàrrec?	pug ð^{e}scha' un ^{e}nka'rr^{e}k
***Geben (Zeigen)* Sie mir bitte . . . !**	*Doni'm (Ensenyi'm)* . . . , si us plau!	do'nim (^{e}nßä'njim) . . . ßi uß pla'u.
Können Sie mir helfen?	Pot ajudar-me?	pɔt ^{e}Guða'rm^e
Gestatten Sie?	Em permet?	^{e}m p^{e}rmä't
Können Sie wechseln?	Té canvi?	te ka'mbi
Ich möchte . . .	Voldria . . .	buldri'^{e}
Das funktioniert nicht.	Això no funciona.	^{e}schɔ' no funßio'n^e

Wetter

Es ist sehr schönes Wetter heute.	Fa molt bo, avui.	fa mol bɔ, ^{e}βu'i
Wieviel Grad haben wir?	A quants graus estem?	^{e} kua'ns γra'us ^{e}ßtä'm
Bleibt das Wetter schön?	Que continuarà fent bon temps?	k^e kuntinu^{e}ra'fem βɔn temß
Wird es *regnen (schneien)*?	Que *plourà (nevarà)*?	k^e pl^{e}ura' (n^{e}β^{e}ra')
Gibt es ein Gewitter?	Que hi haurà una tempesta?	k^e j^{e}ura' u'n^e t^{e}mpe'ßt^e
Was meldet der Wetterbericht?	Què diu l'home del temps?	kä ði'u lɔ'm^e ð^{e}l temß
Es ist kalt / warm.	Fa fred / calor.	fa frät / k^{e}lo'
– heiß / schwül.	– molta calor / xafogor.	mo'lt^e k^{e}lo' / sch^{e}fuγo'
– windig / stürmisch.	– vent / un vent tempestuós.	βen / um be'n t^{e}mp^{e}ßtuo'ß
– neblig / glatt.	Hi ha boira. / Les carreteres són relliscoses.	ja βɔ'ir^e / l^{e}ß k^{e}rr^{e}te'r^{e}ß ßon rr^{e}ljißko's^{e}ß
Es regnet / schneit.	Plou / neva.	plɔ'u / ne'β^e
Temperatur	la temperatura	l^e t^{e}mp^{e}r^{e}tu'r^e
Straßenzustand	l'estat de les carreteres	l^{e}ßta'd‿d^e l^{e}ß k^{e}rr^{e}te'r^{e}ß

Touristische Auskünfte / Wünsche

Wo ist das Fremdenverkehrsbüro?	On és l'oficina de turisme?	on‿e's lufißi'n^e ð^e turi'sm^e
Ich möchte bitte einen Stadtplan.	Voldria un pla de la ciutat, si us plau.	buldri'‿um pla ð^e l^e ßiuta't, ßi uß pla'u.
Gibt es *Stadtrundfahrten (Hafenrundfahrten)*?	Que hi ha visites organitzades *de la ciutat (del port)*?	k^{e}ja' βisi't^{e}s urγ^{e}nidsa'ð^{e}s ð^e l^e ßiuta't (ð^{e}l pɔrt)
Haben Sie einen Veranstaltungskalender für diese Woche?	Que té un programa d'aquesta setmana?	k^e te'um pruγra'm^e ð^{e}kä'ßt^e ß^{e}dma'n^e
Welche Sehenswürdigkeiten gibt es hier?	Què val la pena d'anar a veure, aquí?	kä βal l^e pä'n^e ð^{e}na' βä'ur^e, ^{e}ki'
Ich hätte gerne *ein Hotelverzeichnis (einen Campingführer)*.	Voldria *una llista dels hotels (una guia de càmpings)*.	buldri'‿u'n^e lji'ßt^e ð^{e}ls utä'lß (un^e γi'^{e} ð^e ka'mpingß)
Ich suche ein *gutes (einfaches)* Hotel.	Busco *un bon hotel (un hotel barat)*.	bu'sku‿m bɔn utä'l (‿n utä'l β^{e}ra't)
Gibt es hier *eine Jugendherberge (ein Motel, Ferienwohnungen)*?	Que hi ha aquí *cap alberg de joventut (cap motel, apartaments de vacances)*?	k^e ja' ki' kap‿^{e}lßbä'rg ð^e Ǥuß^{e}ntu't (kam mutä'l, ^{e}p^{e}rt^{e}me'ns ð^e β^{e}ka'nß^{e}s)
Können Sie mir den Weg auf dem Stadtplan *zeigen (aufzeichnen)*?	Pot *ensenyar-me (traçar-me)* el camí en el pla de la ciutat?	pɔt‿^{e}ns^{e}nja'rm^e (tr^{e}ßa'rm^e)‿l k^{e}mi'‿n ^{e}l pla ð^e l^e ßiuta't

Wochentage / Feiertage

Montag / Dienstag / Mittwoch	dilluns / dimarts / dimecres	dilju'nß / dima'rß / dime'kr^{e}ß
Donnerstag / Freitag	dijous / divendres	diǤɔ'uß / dißä'ndr^{e}ß
Samstag / Sonntag	dissabte / diumenge	dißa'pt^e / diume'nǤ^e
Wochentag / Feiertag	dia feiner / dia festiu	di'^{e} f^{e}ine' / di'^{e} f^{e}ßti'u

Wochenende / Weihnachten	cap de setmana / Nadal	kab ð^e ß^{e}dma'n^e / n^{e}ða'l
Neujahr	Any Nou / Cap d'Any	anj nɔ'u / kab ðanj
Ostern	Pasqua (Florida) / Primera Pasqua	pa'ßku^e (fluri'ð^e) / prime'r^e pa'ßku^e
Pfingsten	Pasqua Granada / Segona Pasqua	pa'ßku^e γr^{e}na'ð^e / ß^{e}γo'n^e pa'ßku^e
Karwoche / Allerheiligen	Setmana Santa / Tots Sants	ß^{e}dma'n^e ßa'nt^e / totßa'nß
Nationalfeiertag / Geburtstag	festa nacional / aniversari	fe'ßt^e n^{e}ßiuna'l / ^{e}niβ^{e}rßa'ri

Monate / Jahreszeiten

Januar / Februar / März	gener / febrer / març	Ǥ^{e}ne' / f^{e}βre' / marß
April / Mai / Juni	abril / maig / juny	^{e}βri'l / matsch / Ǥunj
Juli / August / September	juliol / agost / setembre	Ǥuliɔ'l / ^{e}γo'ßt / ß^{e}te'mbr^e
Oktober / November / Dezember	octubre / novembre / desembre	uktu'βr^e / nuβe'mbr^e / d^{e}se'mbr^e
Jahreszeit / Saison	estació / temporada	^{e}ßt^{e}ßio' / t^{e}mpura'ð^e
Frühling / Sommer	primavera / estiu	prim^{e}βe'r^e / ^{e}ßti'u
Herbst / Winter	tardor / hivern	t^{e}rðo' / iβä'rn

Datum / Uhrzeit

Der wievielte ist heute?	Quin dia som avui?	kin di'^{e} ßom ^{e}βu'i
Heute ist der 1. Mai.	Avui és l'u (el primer) de maig.	^{e}βu'j‿es lu (^{e}l prime') ð^e matsch
Am 5. September.	El cinc de setembre.	^{e}l ßing ð^e ß^{e}te'mbr^e
Bis zum 3. August.	Fins al tres d'agost.	fins ^{e}l träs ð^{e}γo'ßt
Wie spät ist es?	Quina hora és?	kin‿ɔ'r‿eß
Es ist (genau) zwei Uhr.	Són les dues (en punt).	ßon l^{e}s ðu'^{e}s (^{e}mpu'n)
– halb sechs.	Són dos quarts de sis.	ßon doß kua'rs ð^e ßiß
– Viertel vor fünf.	Són tres quarts de cinc.	ßon träß kua'rs ð^e ßing
– Viertel nach neun.	És un quart de deu.	es un kua'rd‿d^e ðä'u
– zehn vor eins.	Són tres quarts i cinc d'una.	ßon träß kua'rs‿i ßing ðu'n^e
– fünf nach elf.	Són les onze i cinc.	ßon l^{e}s o'ns^e‿i ßing
– zwölf Uhr mittags.	Són les dotze del migdia.	ßon l^{e}s ðo'ds^e ð^{e}l miǤdi'^{e}
– Mitternacht.	Es mitjanit. / Són les dotze de la nit.	es mi'dǤ^{e}ni't / ßon l^{e}s ðo'ds^e ð^e l^e nit
Um wieviel Uhr?	A quina hora?	^{e}ki'n‿ɔ'r^e
Um acht Uhr (morgens).	A les vuit (del matí).	^{e}l^{e}s βu'it (βu'id‿d^{e}l m^{e}ti')
In einer Stunde.	D'aquí a una hora.	d^{e}ki'‿un‿ɔ'r^e
Nicht vor neun Uhr.	No pas abans de les nou.	no pas ^{e}βa'ns ð^e l^{e}s nɔ'u
Ortszeit / Sommerzeit	hora local / hora d'estiu	ɔ'r^e luka'l / ɔ'r^e ð^{e}ßti'u
In zehn Minuten.	D'aquí a deu minuts.	d^{e}ki' dä'u minu'tß

Sonstige Zeitangaben

Tag / Woche	dia / setmana	di'^{e} / ß^{e}dma'n^e
Monat / Jahr	mes / any	mäß / anj
morgens / vormittags	*a la (de)* matinada / al matí	^{e}l^e (d^e) m^{e}tina'ð^e / ^{e}l m^{e}ti'

mittags / nachmittags	al migdia / a la tarda	^{e}l miGdi'^{e} / ^{e}l^e ta'rð^e
abends / nachts	al vespre / *a la (de)* nit	^{e}l βe'ßpr^e / ^{e}l^e (d^e) nit
heute / gestern	avui / ahir	^{e}βu'i / ^{e}i'
morgen (früh)	demà (al matí)	d^{e}ma'(‿lm^{e}ti')
übermorgen / vorgestern	demà passat / abans-d'ahir	d^{e}ma' p^{e}ßa't / ^{e}βa'ns ð^{e}i'
heute *morgen (abend)*	aquest *matí (vespre)*	^{e}kä'd m^{e}ti' (βe'ßpr^e)
heute nachmittag	aquesta tarde	^{e}kä'ßt^e ta'rð^e
gestern abend	ahir al vespre	^{e}i'lβe'ßpr^e
***diese (nächste)* Woche**	*aquesta setmana (la setmana que ve)*	^{e}kä'ßt^e ß^{e}dma'n^e (l^e ß^{e}dma'n^e k^e βe)
in drei *Tagen (Monaten)*	d'aquí a tres *dies (mesos)*	d^{e}ki' ^{e} träs ði'^{e}ß (me'suß)
vor *einer Woche (14 Tagen)*	fa *una setmana (quinze dies)*	fa u'n^e ß^{e}dma'n^e (ki'ns^e ði'^{e}ß)
letzten Sonntag	diumenge passat	diume'nG^e p^{e}ßa't
nächstes Jahr	l'any vinent	lanj βine'n
seit einer Woche	d'una setmana ençà	du'n^e ß^{e}dma'n^e‿nßa'
für zwei Tage	per dos dies	p^{e}r ðos ði'^{e}ß
jetzt / bis jetzt	ara / fins ara	a'r^e / fins‿a'r^e
bald / später / früher	aviat / *més tard (després) / més d'hora (abans)*	^{e}βia't / meß ta'rt (d^{e}ßpre'ß) / mes ðɔ'r^e (^{e}βanß)
täglich / stündlich	cada dia, diari / cada hora	ka'ð^e ði'^{e}, dia'ri / ka'ð‿ɔ'r^e
manchmal / immer	*de (a)* vegades / sempre	d^e (^{e}) β^{e}γa'ð^{e}ß / ße'mpr^e

Zahlen

1	un	un	**20**	vint	bin
	(una, u)	(u'n^e, u)	**21**	vint-i-un	bintiu'n
2	dos	doß		(-una, -u)	(-u'n^e, -u')
	(dues)	(du'^{e}ß)	**22**	vint-i-dos	bintiðo'ß
3	tres	träß		(-dues)	(-ðu'^{e}ß)
4	quatre	kua'tr^e	**30**	trenta	trä'nt^e
5	cinc	ßing	**40**	quaranta	kuara'nt^e
6	sis	ßiß	**50**	cinquanta	ßinkua'nt^e
7	set	ßät	**60**	seixanta	ß^{e}scha'nt^e
8	vuit	bu'it	**70**	setanta	ß^{e}ta'nt^e
9	nou	nɔ'u	**80**	vuitanta	buita'nt^e
10	deu	dä'u	**90**	noranta	nura'nt^e
11	onze	o'ns^e	**100**	cent	ßen
12	dotze	do'ds^e	**110**	cent deu	ßen dä'u
13	tretze	tre'ds^e	**200**	dos-cents	doße'nß
14	catorze	k^{e}to'rs^e		(dues-centes)	(du'^{e}ße'nt^{e}ß)
15	quinze	ki'ns^e	**1.000**	mil	mil
16	setze	ßä'ds^e	**2.000**	dos mil	dos mil
17	disset	dißä't	**10.000**	deu mil	dä'u mil
18	divuit	dißu'it			
19	dinou	dinɔ'u	**1.000.000**	un milió	um milio'

Reisen mit dem Auto und Motorrad

Fremdsprachige Hinweise / Verkehrszeichen

ÀREA DE DESCANS	**Rastplatz**
ATENCIÓ: ESCOLA	**Vorsicht Schule**
AUTOPISTA	**Autobahn**
CAIGUDA DE ROQUES	**Steinschlag**
CALÇADA EN MAL ESTAT	**Schlechte Fahrbahn**
(CARRER DE) DIRECCIÓ ÚNICA	**Einbahnstraße**
CEDIU EL PAS	**Vorfahrt beachten**
CIRCULACIÓ DE CAMIONS	**Schwerlastverkehr**
CIRCULEU A LA DRETA	**Rechts halten**
. . . CONTINUA	**. . . gilt weiter**
DEIXEU LLIURE L'ENTRADA	**Einfahrt freihalten**
DESVIACIÓ	**Umleitung**
DISC BLAU OBLIGATORI	**Parkscheibe vorgeschrieben**
ENTRADA	**Einfahrt**
FINAL DE PROHIBICIÓ D'APARCAR	**Ende des Parkverbots**
GUAL PERMANENT	**Einfahrt freihalten**
GRAVETA (SOLTA)	**Rollsplitt**
HOSPITAL	**Krankenhaus**
APARCAMENT	**Parkplatz**
INTERMITENT	**Blinklicht**
NO TENIU PRIORITAT	**Sie haben keine Vorfahrt**
OBRES	**Baustelle**
OFICINA DE TURISME	**Fremdenverkehrsamt**
PEATGE	**Autobahngebühr**
PERILL	**Gefahr**
PERILL D'ALLAUS	**Lawinengefahr**
PERILL DE MORT	**Lebensgefahr**
PERILL DE RELLISCADA	**Schleudergefahr**
PORT (DE MUNTANYA)	**(Gebirgs-) Paß**
PROHIBICIÓ D'APARCAR	**Parkverbot**
PROHIBICIÓ D'ATURAR-SE	**Halteverbot**
REDUÏU LA VELOCITAT	**Langsamer fahren**
VIA DE VEHICLES LENTS	**Kriechspur**
VIA PER A BICICLETES	**Radfahrweg**
ZONA D'ESTACIONAMENT LIMITAT, ZONA BLAVA	**Kurzparkzone**

Fragen nach dem Weg

Ist das die Straße nach . . . ?	Que és aquesta la carretera per anar a . . . ?	kes ^{e}kä'ßt^e l^e k^{e}rr^{e}te'r^e p^{e}r‿^{e}na'^{e}
Komme ich hier in die Innenstadt?	Vaig bé (per aquest carrer) per anar al centre de la ciutat?	batsch be (p^{e}r‿^{e}kät k^{e}rre') p^{e}r‿^{e}na'l ße'ntr^e ð^e l^e ßiuta't
Komme ich hier zur Autobahn nach . . . ?	Vaig bé per agafar l'autopista en direcció a . . .	batsch be p^{e}r‿^{e}γ^{e}fa' lautupi'ßt^{e}n dir^{e}kßio'^{e}
Ist es noch weit bis . . . ?	Que falta gaire per arribar a . . . ?	k^e fa'lt^e γa'ir^e p^{e}r‿^{e}rriba'^{e}

Gibt es eine *andere (bessere)* Straße nach . . . ?	Que hi ha una *altra* carretera *(més bona)* per anar a . . . ?	k^{e}ja' un‿a'ltr^e k^{e}rr^{e}te'r^e (mes βɔ'n^e) p^{e}r‿^{e}na'^{e}
Können Sie mir das auf der Karte zeigen?	M'ho podria ensenyar al mapa?	mu puðri'^{e}‿ns^{e}nja'l ma'p^e
Ist die Straße nach . . . *gut (sehr schmal)*?	Que és *bona (gaire estreta)* la carretera per anar a . . . ?	kes βɔ'n^e (γa'ir^e‿ßträ't^e) l^e k^{e}rr^{e}te'r^e p^{e}r‿^{e}na'^{e}
Kommt man mit dem Wohnwagen durch?	Que passarem amb la caravana?	k^e p^{e}ß^{e}rä'm ^{e}m l^e k^{e}r^{e}βa'n^e
Ist der Paß geöffnet?	Que és obert el port de muntanya?	kes uβä'rt ^{e}l pɔrd‿d^e munt'anj^e
Braucht man *Winterreifen (Schneeketten)*?	Calen pneumàtics *d'hivern (cadenes)*?	ka'l^{e}n‿n^{e}uma'tigs ðiβä'rn (k^{e}ðä'n^{e}ß)

Autovermietung

Ich möchte . . . mieten. **– ein Auto / ein Motorrad** **– ein Wohnmobil** **– einen Kleinbus** **– mit Automatik** **– *mit (ohne)* Fahrer** **– für *einen Tag (zwei Tage, eine Woche, zwei Wochen)***	Voldria llogar . . . – un cotxe / una moto – una autocaravana – un microbús – amb canvi automàtic – *amb (sense)* conductor – per *un dia (dos dies, una setmana, dues setmanes)*	buldri'^{e} ljuγa' un ko'tsch^e / u'n^e mo'tu un‿a'utuk^{e}r^{e}βa'n^e um mikruβu'ß ^{e}m ka'mbi ^{e}utuma'tik ^{e}m (ße'nß^e) kundukto' p^{e}r un di'^{e} (dos ði'^{e}ß, u'n^e ß^{e}dma'n^e, du'^{e}ß‿ß^{e}dma'n^{e}ß)
Wie hoch ist die Kaution?	Quant he de deixar en dipòsit?	kua'n‿e' ð^e ð^{e}scha'n dipɔ'sit
Ist eine Vollkaskoversicherung eingeschlossen?	Hi va inclosa l'assegurança a tot risc?	i βa‿inklɔ's^e l^{e}ß^{e}γura'nß^e tod rrißk
Kann ich den Wagen auch *woanders (in . . .)* abliefern?	Que també puc tornar el cotxe *en un altre lloc (a . . .)*?	k^e t^{e}mbe' puk turna'l ko'tsch^e ^{e}n‿un a'ltr^e ljɔk (^{e} . . .)
Wie hoch ist der Mietpreis pro *Tag (Woche, Kilometer)*?	Quant val el lloguer per *dia (setmana, quilòmetre)*?	kua'm bal ^{e}ljuγe' p^{e}r ði'^{e} (ß^{e}dma'n^e, kilɔ'm^{e}tr^e)

Autostop

Fahren Sie nach . . . ?	Que va(n) a . . . ?	k^e βa(n) ^{e}
Könnten Sie mich *ein Stück (bis . . .)* mitnehmen?	Podria dur-me *un tros (fins a . . .)*?	puðri'^{e} ðu'rm^e un trɔß (fins ^{e} . . .)
Könnten Sie uns bitte *bei der Jugendherberge (beim Campingplatz, in . . .)* absetzen?	Podria deixar-nos *a l'alberg de joventut (al càmping, a . . .)*, si us plau?	puðri'^{e} ð^{e}scha'rnus‿^{e} l^{e}lβä'rg ð^e Guß^{e}ntu't (^{e}l ka'mping, ^{e} . . .) ßi uß pla'u
Lassen Sie mich bitte *hier (an der nächsten Kreuzung)* aussteigen.	Deixi'm baixar *aquí (a la pròxima cruïlla)*, si us plau.	de'schim b^{e}scha'‿ki' (^{e}l^e prɔ'kßim^e krui'lj^e) ßi uß pla'u
Danke fürs Mitnehmen.	Gràcies per haver-me portat.	gra'ßi^{e}ß p^{e}r ^{e}βä'rm^e purta't

Parken

Wo kann ich meinen Wagen (über Nacht) abstellen?	On puc deixar el meu cotxe (durant la nit)?	om pug ð^{e}scha'l me'u ko'tsch^e (ðura'n l^e nit)

Ist hier in der Nähe *eine Garage (ein Parkplatz)*?	Hi ha cap *garatge (cap aparcament), aquí a prop?*	ja kab γ^{e}ra'dG^e (kap‿^{e}p^{e}rk^{e}me'n), ^{e}ki' ^{e} prɔp
Ist der Parkplatz bewacht?	Hi ha vigilància, en aquest aparcament?	ja βiGila'nßi^e, ^{e}n‿ ^{e}kä'ßt‿^{e}p^{e}rk^{e}me'n

Panne und Unfall

***Ich habe (Wir haben)* eine Panne.**	*He (Hem)* tingut una pana.	e (äm) tingu't u'n^e pa'n^e
Kann ich bei Ihnen telefonieren?	Podria telefonar des de casa seva?	puðri'^{e} t^{e}l^{e}funa' ðes ð^e ka's^e ße'β^e
Ich habe eine Reifenpanne.	Se m'ha rebentat una roda.	ß^e ma rr^{e}β^{e}nta't‿un^e rrɔ'ð^e
Wir haben kein Benzin.	No tenim gasolina.	no t^{e}ni'm g^{e}suli'n^e
Würden Sie mich bis zur nächsten *Tankstelle (Notrufsäule, Reparaturwerkstatt)* mitnehmen?	Podria portar-me fins *a la primera estació de servei (al pròxim telèfon d'auxili, al pròxim taller de reparacions)*?	puðri'^{e} purta'rm^e fins ^{e}l^e prime'r^e‿ßt^{e}ßio' ð^e ß^{e}rβä'i (^{e}l prɔ'kßim t^{e}lä'fun d^{e}ugsi'li, ^{e}l prɔ'kßim t^{e}lje' ð^e rr^{e}p^{e}r^{e}ßio'nß)
Könnten Sie mir einen *Abschleppwagen (Mechaniker)* schicken?	Podria enviar-me un *cotxe-grua (mecànic)*?	puðri'^{e}‿mbia'rm^e un ko'tsch^e γru'^{e} (m^{e}ka'nik)
Können Sie mir ... leihen?	Podria deixar-me ... ?	puðri'^{e} ð^{e}scha'rm^e
– Ihren Wagenheber	– el seu gat	^{e}l ße'u γat
– einen Kreuzschlüssel	– una (clau en) creu?	u'n^e (kla'u ^{e}n) krä'u
– einen Schraubenzieher	– un tornavís?	un torn^{e}βi'ß
– eine Zange	– unes *alicates (tenalles)*?	u'n^{e}s ^{e}lika't^{e}ß (t^{e}na'lj^{e}ß)
– einen Zündkerzenschlüssel	– una clau per a les bugies?	u'n^e kla'u p^{e}r^e l^{e}s βuGi'^{e}ß
Der Motor springt nicht an.	El motor no s'engega.	^{e}l muto'r no ß^{e}nGe'γ^e
Könnten Sie ... ?	Podria ... ?	puðri'^{e}
– mir beim Anschieben helfen?	– ajudar-me a empènyer el cotxe?	‿Guða'rm‿^{e}mpän'j^{e}l ko'tsch^e
– mir Starthilfe geben?	– ajudar-me a fer engegar el cotxe?	‿Guða'rm^e fe‿nG^{e}γa'l ko'tsch^e
– den Wagen anziehen?	– fer-me una estirada amb el seu cotxe?	fe'rm‿un^e‿ßtira'ð^e‿mb‿^{e}l ße'u ko'tsch^e
– mich abschleppen?	– remolcar-me?	rr^{e}mulka'rm^e
Wir haben einen Unfall gehabt.	Hem tingut un accident.	äm tingu't‿un‿^{e}kßiðe'n
Rufen Sie bitte ...	Tingui la bondat d'avisar ...	ti'ngi l^e βunda'd d^e‿βisa'
– die Polizei.	– la policia.	l^e pulißi'^{e}
– einen Krankenwagen.	– una ambulància.	un‿^{e}mbula'nßi^e
– einen Arzt.	– un metge.	um me'tG^e
Sind Sie verletzt?	Està ferit (ferida)?	^{e}ßta' f^{e}ri't (f^{e}ri'ð^e)
Es ist niemand verletzt.	No hi ha cap ferit.	noja' kap f^{e}ri't
Zwei Personen sind (schwer) verletzt.	Hi ha dos ferits (greus).	ja ðoß f^{e}ri'tß (gre'uß)
Würden Sie mein Zeuge sein?	Estaria disposat a fer-me de testimoni?	^{e}ßt^{e}ri'^{e} ðißpusa't‿^{e}fe'rm^e d^e t^{e}ßtimɔ'ni
Es ist nur ein Blechschaden.	Només és un bony.	nume's‿es‿um bo'nj
Bitte unterschreiben Sie das Unfallprotokoll.	Faci'm el favor de firmar l'acta de l'accident.	fa'ßim ^{e}l f^{e}βo'r ð^e firma' la'kt^e ð^e l^{e}kßiðe'n

Tanken und Service

Wo ist die nächste Tankstelle?	On és *l'estació de servei més propera (la pròxima gasolinera)*?	on‿e's l^{e}ßt^{e}ßio' ð^e ß^{e}rßä'i meß prupe'r^e (l^e prɔ'kßim^e ɣ^{e}suline'r^e)
Ist es weit?	Que és gaire lluny?	kes ɣa'ir^e ljunj
Bitte 20 Liter ...	Vint litres de ..., si us plau.	bin li'tr^{e}s ð^e ..., ßi uß pla'u.
– Normalbenzin.	– gasolina normal	ɣ^{e}suli'n^e nurma'l
– Super / Diesel / bleifrei.	– súper / gas-oil / sense plom	ßu'p^{e}r / gasɔ'il / ße'nß^e plom
– Zweitaktmischung.	– mescla (per a un motor de dos temps)	mä'ßkl^e (p^{e}r um muto'r ð^e ðoß temß)
Ich möchte für 1000 Peseten Benzin.	Voldria mil pessetes de gasolina.	buldri'^{e} mil p^{e}ßä't^{e}s ð^e ɣ^{e}suli'n^e
Bitte volltanken!	Ple, si us plau.	plä, ßi uß pla'u
Füllen Sie bitte auch den Reservekanister.	Ompli'm també el bidó de reserva.	o'mplim t^{e}mbe'l biðo' ð^e rr^{e}ße'rβ^e
Bitte prüfen Sie ...	Miri'm ..., si us plau.	mi'rim ..., ßi uß pla'u
– den Ölstand.	– el nivell de l'oli	^{e}l nißä'lj ð^e lɔ'li
– den Reifendruck.	– la pressió dels pneumàtics	l^e pr^{e}ßio' ð^{e}ls n^{e}uma'tikß
– das Kühlwasser.	– l'aigua del radiador	la'iɣu^e ð^{e}l rr^{e}ði^{e}ðo'
– die Batterie.	– la bateria	l^e β^{e}t^{e}ri'^{e}
Machen Sie bitte einen Ölwechsel.	Canvii'm l'oli, si us plau.	k^{e}mbi'im lɔ'li, ßi uß pla'u
Laden Sie bitte die Batterie auf.	Carregui'm la bateria, si us plau.	k^{e}rrä'ɣim l^e β^{e}t^{e}ri'^{e}, ßi uß pla'u
Reparieren Sie bitte diesen *Reifen (Schlauch)*.	Arregli'm aquesta *coberta (cambra)*, si us plau.	^{e}rre'gglim‿^{e}kä'ßt^e kußä'rt^e (ka'mbr^e), ßi uß pla'u
Eine Wagenwäsche, bitte.	Renti'm el cotxe, si us plau.	rre'ntim‿^{e}l ko'tsch^e, ßi uß pla'u
Ich möchte ... haben.	Necessito ...	n^{e}ß^{e}ßi'tu
– Wasser für *den Kühler (die Scheibenwaschanlage)*	– aigua per al *radiador (netejaparabrisa)*.	a'iɣu^e p^{e}r^{e}l rr^{e}ði^{e}ðo' (n^{e}tä'G^{e}pa'r^{e}βri's^e)
– destilliertes Wasser	– aigua destil·lada.	a'iɣu^e ð^{e}ßtilla'ð^e
– 1 Liter Motorenöl	– un litre d'oli per al motor.	un li'tr^e ðɔ'li p^{e}r^{e}l muto'r
– Scheibenwischerblätter	– escombretes per a l'eixugavidres.	^{e}ßkumbrä't^{e}ß p^{e}r‿^{e}l^{e}schu'ɣ^{e}βi'ðr^{e}ß
– Bremsflüssigkeit	– líquid de frens.	li'kid‿d^e fränß

Werkstatt und Reparatur

Gibt es hier eine Autowerkstatt?	Que hi ha un taller d'automòbils, aquí?	k^{e}ja' un t^{e}lje' ðautumɔ'βils, ^{e}ki'
... ist nicht in Ordnung.	... no va bé.	no βa βe'
Kann ich damit noch fahren?	Puc tirar, encara, amb això?	puk tira', ^{e}nka'r^e, ^{e}mb ^{e}schɔ'
Können Sie das *(gleich, bis ...)* reparieren?	Pot reparar-ho *(ara mateix, abans de ...)*?	pɔd rr^{e}p^{e}ra'ru (a'r^e m^{e}te'sch, ^{e}βa'ns ð^e ...)
Machen Sie bitte nur die nötigsten Reparaturen.	Hi faci només les reparacions més urgents.	i fa'ßi nume's l^{e}ß rr^{e}p^{e}r^{e}ßio'ns mes urGe'nß
Der Kühler ist undicht.	El radiador perd aigua.	^{e}l rr^{e}ði^{e}ðo' pärt‿a'iɣu^e
Der Auspuff hat ein Loch.	El tub d'escapament és foradat.	^{e}l tub ð^{e}ßk^{e}p^{e}me'n eß fur^{e}ða't

Die Kontrollampe leuchtet.	La llum de control és encèsa.	l^e ljum ð^e kuntrɔ'l es ^{e}nßä's^e
Der Motor ...	El motor ...	^{e}l muto'r
– zieht nicht.	– no tira bé.	no ti'r^e βe
– stottert / klopft.	– rata / espetega.	rra't^e / ^{e}ßp^{e}tä'γ^e
– geht im Leerlauf aus.	– es para en el ralentí.	^{e}ß pa'r‿^{e}n^{e}l rr^{e}l^{e}nti'
– springt *nicht* *(schwer)* an.	– *no* s'engega *(malament).*	no ß^{e}nGe'γ^e (mal^{e}me'n)
Aus dem Getriebe tropft Öl.	El canvi perd oli.	^{e}l ka'mbi pärt‿ɔ'li
Das Türschloß klemmt.	El pany s'agafa.	^{e}l panj ß^{e}γa'f^e
Die Bremsen ziehen nach *rechts (links)*.	Els frens tiren cap a *la dreta (l'esquerra)*.	^{e}lß fränß ti'r^{e}n ka'p^e l^e ðrä't^e (l^{e}ßkä'rr^e)
Der 2. Gang springt heraus.	La segona (marxa) salta.	l^e ß^{e}γo'n^e (ma'rsch^e) ßa'lt^e

Wortliste

Anlasser	l'engegador *m*	l^{e}nG^{e}γ^{e}ðo'
Auspuff	el tub d'escapament	^{e}l tub ð^{e}ßk^{e}p^{e}me'n
Benzinpumpe	la bomba de gasolina	l^e βo'mb^e ð^e γ^{e}suli'n^e
Blinker	l'intermitent *m*	lint^{e}rmite'n
Bremsen	els frens	^{e}lß fränß
Bremslicht	la llum de fre	l^e ljum d^e frä
Gangschaltung	el canvi de marxes	^{e}l ka'mbi ð^e ma'rsch^{e}ß
Hupe	la botzina	l^e βudsi'n^e
Kabel	el cable	^{e}l ka'bbl^e
Keilriemen	la corretja del ventilador	l^e kurrä'dG^e d^{e}l β^{e}ntil^{e}ðo'
Kupplung	l'embragatge *m*	l^{e}mbr^{e}γa'dG^e
Lenkung	la direcció	l^e ðir^{e}kßio'
Lichtmaschine	la dinamo	l^e ðina'mu
Original-Ersatzteil	la peça de recanvi original	l^e pe'ß^e ð^e rr^{e}ka'mbi uriGina'l
Rücklicht	la llum del darrera	l^e ljum d^{e}l d^{e}rre'r^e
Rückspiegel	el retrovisor	^{e}l rr^{e}truβiso'
Rückwärtsgang	la marxa enrera	l^e marsch‿^{e}nrre'r^e
Scheibenwischer	l'eixugavidre *m*	l^{e}schu'γ^{e}βi'ðr^e
Scheinwerfer	la llum	l^e ljum
Stoßdämpfer	l'amortidor *m*	l^{e}murtiðo'
Ventilator	el ventilador	^{e}l β^{e}ntil^{e}ðo'
Vergaser	el carburador	^{e}l k^{e}rβur^{e}ðo'
Windschutzscheibe	el parabrisa	^{e}l p^{e}r^{e}βri's^e
Zündkerze	la bugia	l^e βuGi'^{e}
Zündschlüssel	la clau de contacte	l^e kla'u ðe kunta'kt^e
Zündung	l'encesa	l^{e}nßä's^e

Bus-, Bahn-, Flug- und Schiffsreisen

Im Reisebüro

Wie komme ich am besten nach ... ?	Què em recomana d'agafar per anar a ... ?	käm rr^{e}kuma'n^e ð^{e}γ^{e}fa' p^{e}r‿^{e}na' ^{e}
Fährt am Sonntag ein *Zug (Bus, Schiff)* nach ... ?	Que hi ha cap *tren (autocar, vaixell)* els diumenges que vagi a ... ?	k^e ja' kap trän (autuka'r, b^{e}sche'lj) ^{e}ls ðiume'nG^{e}ß k^e βa'Gi ^{e}
Gibt es eine (Auto-) Fähre nach ... ?	Que hi ha cap transbordador (de cotxes) cap a ...?	k^e ja' kap tr^{e}nsβurð^{e}ðo' (ð^e ko'tsch^{e}ß) ka'p ^{e}

Muß ich umsteigen?	Cal que faci transbord?	kal k^e fa'ßi tr^{e}nsβɔ'rt
Bitte für den Zug nach ...	Si us plau, per al tren que va a ...,	ßi uß pla'u, p^{e}r ^{e}l trän k^e βa'^{e}
Bitte – eine (Rück-) Fahrkarte nach ...	– un bitllet d'anada (i tornada) a ..., si us plau.	um billjä'd‿d^{e}na'ð^e (‿i turna'ð^e) ^{e} ..., ßi uß pla'u
– eine Platzkarte.	– una reserva de seient.	u'n^e rr^{e}se'rβ^e ð^e ß^{e}je'n
– eine Liegewagenkarte.	– una reserva de llitera.	u'n^e rr^{e}se'rβ^e ð^e ljite'r^e
– eine Schlafwagenkarte.	– una reserva de vagó-llit.	u'n^e rr^{e}se'rβ^e ð^e b^{e}γo' ljit
Ich möchte einen Flug nach ... buchen am ...	Voldría reservar una plaça per al vol a ... del (dia) ...	buldri'^{e} rr^{e}s^{e}rba'‿un^e pla'ß^e p^{e}r‿^{e}l βɔ'l‿^{e} ... d^{e}l (di'^{e})
Ich möchte einen Flug *annullieren (bestätigen).*	Voldria *cancel·lar (confirmar)* una reserva.	buldri'^{e} k^{e}nß^{e}lla' (kumfirma')‿u'n^e rr^{e}ser'β^e
Gibt es auch Charterflüge?	Que hi ha també vols charter?	k^{e}ja' t^{e}mbe' βɔls scha'rt^{e}r
Fährt ein Autoreisezug nach ...?	Que hi ha cap autotrèn per anar a ...?	k^{e}ja' kap‿aututrä'n p^{e}r‿^{e}na' ^{e}
Schreiben Sie mir bitte die Abfahrts- und Ankunftszeiten auf.	Que em podria fer el favor d'apuntar-me les hores de sortida i arribada.	k^e‿m puðri'^{e} fe‿l f^{e}βo'r ð^e punta'rm^e l^{e}s ɔ'r^{e}s ð^e surti'ð^e‿j‿^{e}rriβa'ð^e
Ich möchte eine *Kreuzfahrt (Rundfahrt)* machen.	Desitjaria fer *un viatge de creuer (un circuit turístic).*	d^{e}sidG^{e}ri'^{e} fe um bia'dG^e ð^e kr^{e}ue' (un ßirku'it turi'ßtik)
Bitte ...	Si us plau, ...	ßi uß pla'u,
– eine Einzelkabine.	– una cabina individual.	u'n^e k^{e}βi'n^e indiβiðua'l
– eine Zweibettkabine.	– una cabina de dos llits.	u'n^e k^{e}βi'n^e ð^e ðos ljitß
– eine Innenkabine.	– una cabina interior.	u'n^e k^{e}βi'n‿int^{e}rio'
– eine Außenkabine.	– una cabina exterior.	u'n^e k^{e}βi'n‿^{e}kßt^{e}rio'
Wie komme ich zum *Bahnhof (Flugplatz, Hafen)*?	Com s'hi va, *a l'estació (a l'aeroport, al port)*?	kɔm ßi βa, ^{e}l^{e}ßt^{e}ßio' (^{e}l^{e}rupɔ'rt, ^{e}l pɔrt)
Wann muß ich dort sein?	A quina hora cal que hi sigui?	^{e}ki'n‿ɔ'r^e kal k^e‿i ßi'γi

Mit dem Bus

Wo hält der Bus nach ...?	On para l'autocar que va a ...?	om pa'r^e lautuka'r k^e βa'^{e} ...
Fährt dieser Bus nach ...?	Va a ..., aquest autocar?	ba'^{e}..., ^{e}kä'ßt autuka'r
Wann fährt *ein (der erste, der letzte)* Bus nach ...?	Quan surt *un (el primer, el darrer)* autocar cap a ...?	kua'n ßurt un (^{e}l prime', ^{e}l d^{e}rre') autuka'r ka'p^e ...
Sagen Sie mir bitte, wo ich aussteigen muß.	Que em pot fer el favor de dir-me on he de baixar.	k^e‿m pot fe‿l f^{e}βo'r ð^e ði'rm^e one' ð^e β^{e}scha'

Auf dem Bahnhof / Im Zug

Ich möchte diesen Koffer nach ... aufgeben.	Voldria facturar aquesta maleta cap a ...	buldri'^{e} f^{e}ktura'‿kä'ßt^e m^{e}lä't^e ka'p^e
Wo sind die Schließfächer?	On són les consignes automàtiques?	on ßon l^{e}ß kunßi'gn^{e}s‿ ‿autuma'tik^{e}ß
Ist das der Zug nach ...?	És aquest el tren que va a ...?	es ^{e}kä't ^{e}l trän k^e βa'^{e}

ACCÉS A LES ANDANES	**Zu den Bahnsteigen**
AIGUA NO POTABLE	**Kein Trinkwasser**
ARRIBADA / SORTIDA	**Ankunft / Abfahrt**
FRE D'ALARMA	**Notbremse**
HORARI DE TRENS	**Fahrplan**
INFORMACIÓ	**Auskunft**
LAVABOS	**Waschräume, Toiletten**
OCUPAT / LLIURE	**besetzt / frei**
PAS SUBTERRANI	**Unterführung**
REFRESCS	**Erfrischungen**
SALA D'ESPERA	**Wartesaal**
VAGÓ-LLITERA	**Liegewagen**
VAGÓ-LLIT	**Schlafwagen**
VAGÓ-RESTAURANT	**Speisewagen**
VIA	**Gleis**

Wann kommt der Zug aus ... an?	Quan arribarà el tren de ...?	kua'n ^{e}rriß^{e}ra'‿l trän d^{e}
Hat der Zug (aus ...) Verspätung?	Que porta retard el tren (de ...)?	k^{e} pɔ'rt^{e} rr^{e}ta'rt ^{e}l trän (d^{e} ...)
Verzeihung, ist dieser Platz frei?	Perdó, que és lliure aquest seient?	p^{e}rðo' k‿es lji'ur^{e}‿kät ß^{e}je'n
Das ist mein Platz.	Aquest seient és el meu.	^{e}kä't ß^{e}je'n es ^{e}l me'u
Darf ich das Fenster *öffnen (schließen)*?	Que puc *obrir (tancar)* la finestra?	k^{e} puk ußri' (t^{e}nka') l^{e} fine'ßtr^{e}
Hat dieser Zug einen Speisewagen?	Que hi ha vagó-restaurant, en aquest tren?	k^{e}ja' b^{e}γo' rr^{e}ßt^{e}ura'n, ^{e}n‿^{e}kä't trän

Auf dem Flughafen / Im Flugzeug

ARRIBADA	**Ankunft**
CENYIU-VOS EL CINTURÓ	**Anschnallen bitte!**
DUANA	**Zoll**
INFORMACIÓ	**Auskunft**
PORTA	**Tor**
PUNT DE REUNIÓ	**Treffpunkt**
PROHIBIT FUMAR	**Rauchen verboten**
SORTIDA	**Abflug**

Wo ist der Schalter der Lufthansa?	On és la taquilla de la Lufthansa?	on‿e's l^{e} t^{e}ki'lj^{e} ð^{e} l^{e} lufta'nß^{e}
Kann ich das als Handgepäck mitnehmen?	Que puc portar això com a equipatge de mà?	k^{e} puk purta'‿schɔ kɔm ^{e}kipa'dG^{e} ð^{e} ma
Bitte einen Platz am *Gang (Fenster)*.	Una plaça *al corredor (a la finestra)*, si us plau.	u'n^{e} pla'ß^{e}‿l kurr^{e}ðo' (^{e}l^{e} fine'ßtr^{e}) ßi uß pla'u
Wo ist der *Informationsschalter (Ausgang B)*?	On és *Informació (la sortida B)*?	on‿e's‿imfurm^{e}ßio' (l^{e} ßurti'ð^{e} βe)
Eine Reisetasche fehlt.	Falta una bossa (de viatge).	fa'lt‿un^{e} βo'ß^{e} (ð^{e} βia'dG^{e})

Dieser Koffer ist beschädigt.	Aquesta maleta s'ha fet malbé.	^{e}kä'ßt^e m^{e}lä't^e ßa fed m^{e}lße'
Wo fährt der Bus *in die Stadt (zum Hotel ...)* ab?	D'on surt l'autocar que va a *la ciutat (l'Hotel...)*?	don ßurd lautuka'r k^e ßa^e l^e ßiuta't (lutä'l ...)
Hat die Maschine nach ... Verspätung?	Que porta retard l'avió a ...?	k^e pɔ'rt^e rr^{e}ta'rd l^{e}βio'^{e}
Ist die Maschine aus ... schon gelandet?	Que ja ha aterrat l'avió de ...?	k^e Ga‿terra'd l^{e}βio' ð^e
Mir ist schlecht.	Estic marejat.	^{e}ßti'g m^{e}r^{e}Ga't
Bringen Sie mir bitte ...	Porti'm ..., si us plau.	pɔ'rtim ..., ßi uß pla'u
– ein Glas Wasser.	– un got d'aigua	un gɔd da'iγu^e
– eine Kopfschmerztablette.	– una pastilla per al mal de cap	un^e p^{e}ßti'lj^e p^{e}r‿^{e}l mal ð^e kap
– ein Mittel gegen Luftkrankheit.	– alguna cosa contra el mareig	^{e}lγu'n^e kɔ's^e kɔ'ntr^{e}l m^{e}rä'tsch

Im Hafen / An Bord

Wann fährt *ein Schiff (ein Luftkissenboot, eine Fähre)* nach ...?	Quan surt *un vaixell (un hidrofoil, un transbordador)* cap a ...?	kua'n ßurt um b^{e}sche'lj (un iðrufɔ'il, un tr^{e}nsßurð^{e}ðo') ka'p^e
Ich möchte eine Karte für die Rundfahrt um ... Uhr.	Voldria un bitllet per al viatge de les ...	buldri'‿um billjä't p^{e}r‿^{e}l βia'dG^e ð^e l^{e}ß
Fährt dieses Schiff nach ...?	Va a ..., aquest vaixell?	ba^e ..., ^{e}kä'd β^{e}sche'lj
Wo liegt die „...“?	On és (atracat) el „...“?	on‿e's (^{e}tr^{e}ka't) ^{e}l
Wann legen wir an?	Quan atracarem?	kua'n ^{e}tr^{e}k^{e}rä'm
Wie lange haben wir Aufenthalt?	Quant de temps ens hi quedarem?	kua'n d^e temß ^{e}nsi' k^{e}ð^{e}rä'm
Werden Landausflüge veranstaltet?	S'organitzaran excursions a terra?	ßurγ^{e}nids^{e}ra'n ^{e}ßkurßio'ns^e tä'rr^e
Haben Sie ein Mittel gegen Seekrankheit?	Que té res contra el mareig?	k^e te‿rrä'ß kɔ'ntr^{e}l m^{e}rä'tsch
Ich suche ...	Busco ...	bu'sku
– das Parkdeck.	– la coberta d'aparcament.	l^e kußä'rt^e ð^{e}p^{e}rk^{e}me'n
– die Kabine Nr. ...	– la cabina número ...	l^e k^{e}βi'n^e nu'm^{e}ru
– den Schiffsarzt.	– el metge de bord.	^{e}l me'dG^e ð^e βɔrt

Wortliste

Deck	la coberta	l^e kuβä'rt^e
Hafen	el port	^{e}l pɔrt
Kai	el moll	^{e}l molj
Rettungsboot	el bot salvavides	^{e}l βot ßalβ^{e}βi'ð^{e}ß
Rettungsring	el salvavides	^{e}l ßalβ^{e}βi'ð^{e}ß
Schwimmweste	la jaqueta salvavides	l^e G^{e}kä't^e ßalβ^{e}βi'ð^{e}ß
***leichter (hoher)* Seegang**	la mar *arrissada (grossa)*	l^e mar‿^{e}rrißa'ð^e (γrɔ'ß^e)

Grenz- und Zollformalitäten

CONTROL DE PASSAPORTS	**Paßkontrolle**
CONTROL DUANER	**Zollkontrolle**
DUANA	**Zoll**
FRONTERA	**Grenze**
OBJECTES A DECLARAR	**Zollpflichtige Waren**
RES A DECLARAR	**Nichts zu verzollen**

***Ihren Paß, bitte!**	El passaport, si us plau!	ᵉl paßᵉpɔ'rt, ßi uß pla'u
***Ihre Papiere, bitte!**	La documentació, si us plau!	lᵉ ðukumᵉntᵉßio', ßi uß pla'u
Ich gehöre zur Reisegruppe von ...	Sóc del grup de turistes de ...	ßog dᵉl γrub ðᵉ turi'ßtᵉs ðᵉ
Die Kinder sind in meinem Paß eingetragen.	Els nens figuren en el meu passaport.	ᵉls nänß fiγu'rᵉn ᵉnᵉl me'u paßᵉpɔ'rt
Ich möchte mit meinem Konsulat telefonieren.	Voldria telefonar al meu consolat.	buldri'ᵉ tᵉlᵉfuna'‿l me'u kunßula't
Hier ist der Impfpaß für *den Hund (die Katze)*.	Aquí té el certificat de vacunació del *gos (gat)*.	ᵉki' te‿l ßᵉrtifika'd‿dᵉ βᵉkunᵉßio' ðᵉl γoß (γat)
Ich habe nichts zu verzollen.	No tinc res a declarar.	no ting rräs ᵉðᵉklᵉra'
Ich habe nur Sachen für den persönlichen Bedarf.	Només porto objectes d'ús personal.	nume'ß pɔ'rt‿ubGe'ktᵉs ðuß pᵉrßuna'l
Ich habe nur ein paar *Geschenke (Reiseandenken)*.	Només porto alguns *regals (records)*.	nume'ß pɔ'rtu‿lγu'ns rrᵉγa'lß (rrᵉkɔ'rß)
Muß ich das verzollen?	Que s'ha de pagar duana per això?	kᵉßa' ðᵉ pᵉγa' ðua'nᵉ pᵉr ᵉschɔ'

Polizei

Wo ist die nächste Polizeistelle?	On és la comissaria més propera?	on‿e's lᵉ kumißᵉri'ᵉ meß prupe'rᵉ
Man hat mir ... gestohlen.	M'han robat ...	man rruβa't
Ich habe ... verloren.	He perdut ...	e pᵉrðu't
– meine Brieftasche	– la cartera.	lᵉ kᵉrte'rᵉ
– mein Geld	– els diners.	ᵉls ðine'ß
– meine Handtasche	– la bossa (de mà).	lᵉ βo'ßᵉ (ðᵉ ma)
– meinen Fotoapparat	– la màquina de retratar.	lᵉ ma'kinᵉ ðᵉ rrᵉtrᵉta'
– meine Schlüssel	– les claus.	lᵉß kla'uß
– meine Papiere	– la documentació.	lᵉ ðukumᵉntᵉßio'
– mein Fahrrad	– la bicicleta.	lᵉ βißiklä'tᵉ
– mein Auto	– el cotxe.	ᵉl ko'tschᵉ
– meine (Reise-)Schecks	– els xecs (de viatge).	ᵉlß schägs (ðᵉ βia'dGᵉ)

Mein Auto ist *aufgebrochen (beschädigt)* worden.	M'han *forçat (malmès)* el cotxe.	mam furßa't (malmä's) ‿^{e}l ko'tsch^e
Ich bin *beraubt (niedergeschlagen)* worden.	M'han *robat (apallissat)*.	man rruβa't (^{e}p^{e}ljiβa't)
... ist verschwunden.	... ha desaparegut.	a ð^{e}s^{e}p^{e}r^{e}γu't
Ich möchte ... anzeigen. **– eine Entführung** **– einen Überfall** **– eine Vergewaltigung**	Voldria denunciar ... – un segrest, un rapte. – un assalt. – una violació.	buldri'^{e} ð^{e}nunßia' un ß^{e}γrä'ßt, un rra'pt^e un ^{e}ßa'lt u'n^e βiul^{e}ßio'
Ich möchte mit *einem Anwalt (dem Konsulat)* sprechen.	Voldria parlar amb *un advocat (el consolat)*.	buldri'^{e} p^{e}rla'‿mb un aββuka't (^{e}l kunßula't)
Ich bin unschuldig.	No ha estat culpa meva. Sóc innocent.	no aßta't ku'lp^e me'β^e ßok innuße'n
Ich habe damit nichts zu tun.	No hi tinc res a veure.	no'i ting rräs ^{e}βä'ur^e

Bank / Geldwechsel

Wo ist hier eine *Bank (Wechselstube)*?	On hi ha *un banc (una agència de canvi)*, aquí?	onja' um bang (u'n^e‿Ǥä'nßi^e ð^e ka'mbi), ^{e}ki'
Wann *öffnet (schließt)* die Bank?	A quina hora *obre (tanca)* el banc?	^{e}ki'n‿ɔ'r^e ɔ'βr^e (ta'nk^e)‿l βang?
Ich möchte ... in Peseten umwechseln. **– 200 DM**	Voldria canviar ... en pessetes. – dos cents marcs	buldri'^{e} k^{e}mbia' ... ^{e}m p^{e}ßä't^{e}ß doße'ns markß
Ich möchte mir Geld auf Ihre Bank überweisen lassen.	Voldria fer-me girar diners al seu banc.	buldri^e fe'rm^e Ǥira' ðine's ^{e}l ße'u βang
Ist Geld für mich eingegangen?	Han ingressat diners al meu compte?	an ingr^{e}ßa'd‿dine's ^{e}l me'u ko'mt^e
Ich möchte diesen Scheck einlösen.	Voldria cobrar aquest xec.	buldri'^{e} kußra'‿kät schäk
Geben Sie mir bitte auch etwas kleineres Geld.	Doni'm també una mica de moneda menuda, si us plau.	do'nim t^{e}mbe' u'n^e mi'k^e ð^e munä'ð^e m^{e}nu'ð^e, ßi uß pla'u

CAIXA	**Kasse**
CAIXA D'ESTALVIS	**Sparkasse**
CANVI	**Geldwechsel**
TAQUILLA	**Schalter**
MONEDA ESTRANGERA	**Devisen**
DIVISES	**Devisen**

Post / Telefon

Wo ist …	On és …	on‿e's …
– das nächste Postamt?	– l'estafeta de correus més propera?	l^{e}ßt^{e}fä't^e ð^e kurrä'us meß prupe'r^e
– die nächste Telefonzelle?	– la cabina telefònica més propera?	l^e k^{e}βi'n^e t^{e}l^{e}fɔ'nik^e meß prupe'r^e
Ich suche einen Briefkasten.	Busco una bústia.	bu'ßk‿un^e βu'ßti^e
Bitte 3 Briefmarken für *Karten (Briefe)* nach Deutschland.	Si us plau, tres segells per *postals (cartes)* a Alemanya.	ßi uß pla'u, träß‿ß^{e}Ǥe'ljß p^{e}r pußta'ls (ka'rt^{e}s) ‿^{ee}l^{e}ma'nj^e
Diesen Brief bitte …	Si us plau, aquesta carta …	ßi uß pla'u, ^{e}kä'ßt^e ka'rt^e
– mit Luftpost.	– per avió.	p^{e}r ^{e}βio'
– per Einschreiben.	– certificada.	ß^{e}rtifika'ð^e
– per Expreß.	– per correu exprés.	p^{e}r kurrä'u‿^{e}kßpre'ß
Ich möchte dieses *Paket (Päckchen)* aufgeben.	Voldria enviar aquest *paquet (paquet petit)*.	buldri'^{e}‿mbia'‿kät p^{e}kä't (p^{e}kä't p^{e}ti't)
Haben Sie auch Sondermarken?	Que tenen també segells commemoratius?	k^e te'n^{e}n t^{e}mbe' ß^{e}Ǥe'ljß kumm^{e}mur^{e}ti'uß
Diesen Briefmarkensatz, bitte.	Aquesta sèrie, si us plau.	^{e}kä'ßt^e ßä'ri^e, ßi uß pla'u
Ich möchte *Geld (… DM)* von meinem Postsparbuch abheben.	Voldria *treure (retirar) diners (… marcs)* de la meva llibreta d'estalvis postal.	buldri'^{e} trä'ur^e (rr^{e}tira') ðine's (… margs) ð^e l^e me'β^e ljiβrä't^e ð^{e}ßta'lβiß pußta'l
Ist Post für mich da?	Que hi ha correspondència al meu nom?	k^{e}ja' kurr^{e}ßpundä'nßi^e‿l me'u nɔm
Mein Name ist …	Em dic …	^{e}m dik
Ich möchte ein Telegramm nach … aufgeben.	Voldria enviar un telegrama a …	buldri'^{e}‿mbia' un t^{e}l^{e}ɣra'm^e
Was kosten 10 Wörter?	Quant costen deu paraules?	kua'n kɔ'ßt^{e}n dä'u p^{e}ra'ul^{e}ß
Kommt das Telegramm heute noch an?	Que arribarà avui mateix, el telegrama?	k^e‿rriß^{e}ra'‿βu'i m^{e}te'sch, ^{e}l t^{e}l^{e}ɣra'm^e
Können Sie bitte wechseln? Ich brauche ein paar …-Stücke.	Té canvi, si us plau? Em fan falta unes quantes monedes de … pessetes.	te ka'mbi, ßi uß pla'u? ^{e}m fan fa'lt‿u'n^{e}ß kua'nt^{e}s munä'ð^{e}s ð^e … p^{e}ßä't^{e}ß
Kann man nach … durchwählen?	Que hi ha servei automàtic amb …?	k^{e}ja' ß^{e}rβä'j‿autuma'tik ^{e}m
Wie ist die Vorwählnummer von …?	Quin és el prefix de …?	kin‿e's ^{e}l pr^{e}fi'gs ð^e
Bitte ein Ferngespräch nach …	Una conferència interurbana (internacional) amb …, si us plau.	u'n^e kumf^{e}rä'nßi^e int^{e}r-urβa'n^e (int^{e}rn^{e}ßiuna'l) ^{e}m …, ßi uß pla'u
Muß ich lange warten?	Que trigarà gaire?	k^e triɣ^{e}ra' ɣa'ir^e
Ab wieviel Uhr gilt der Nachttarif?	Des de quina hora s'aplica la tarifa de nit?	des ð^e kin‿ɔ'r^e ß^{e}pli'k^e l^e t^{e}ri'f^e ð^e nit
Die Nummer ist besetzt.	Comuniquen.	kumuni'k^{e}n
Es meldet sich niemand.	No contesten.	no kunte'ßt^{e}n
Kann ich bitte *Herrn (Frau, Fräulein)* … sprechen?	Que puc parlar amb *el senyor (la senyora, la senyoreta)* …?	k^e puk p^{e}rla'‿mb‿^{e}l ß^{e}njo' (l^e ß^{e}njo'r^e, l^e ß^{e}njurä't^e)

Unterkunft

Hotel und Pension

Wie komme ich zum Hotel . . . ?	Com s'hi va, a l'Hotel . . . ?	kɔm ßi βa, ᵉlutä'l
Für mich ist hier ein Zimmer reserviert.	Tinc reservada una habitació.	ting rrᵉsᵉrβa'ð‿ unᵉ‿βitᵉßio'
Haben Sie ein *Einzelzimmer (Doppelzimmer)* frei?	Que teniu una habitació *individual (doble, de dos llits)* lliure?	kᵉ tᵉni'u u'nᵉ‿βitᵉßio' indiβiðua'l (ðo'bblᵉ, ðᵉ ðos ljitß) lji'urᵉ
– für eine Nacht / Woche	– per una nit / setmana	pᵉr u'nᵉ nit / ßᵉdma'nᵉ
– für 3 Tage	– per tres dies	pᵉr träs ði'ᵉß
– mit Dusche / WC	– amb dutxa / wàter	ᵉm du'tschᵉ / ba'tᵉr
– mit Bad / Balkon	– amb bany / balcó	ᵉm banj / bᵉlko'
– mit Blick aufs Meer	– amb vista al mar	ᵉm bi'ßtᵉ‿l mar
Kann ich das Zimmer ansehen?	Puc veure l'habitació?	pug βä'urᵉ lᵉβitᵉßio'
Können Sie mir noch ein anderes Zimmer zeigen?	Que pot ensenyar-me'n una altra?	kᵉ pɔt‿ᵉnßᵉnja'rmᵉn‿ ‿un‿a'ltrᵉ
Ich nehme es.	L'agafo.	lᵉγa'fu
Was kostet das Zimmer pro *Tag (Woche)*?	Quant costa l'habitació per *dia (setmana)*?	kua'n kɔ'ßtᵉ lᵉβitᵉßio' pᵉr ði'ᵉ (ßᵉdma'nᵉ)
***– mit (ohne)* Frühstück**	*– amb (sense)* esmorzar	ᵉm (ße'nßᵉ) ᵉsmursa'
– mit Halbpension	– amb mitja pensió	ᵉm mi'dGᵉ pᵉnßio'
– mit Vollpension	– amb pensió completa	ᵉm pᵉnßio' kumplä'tᵉ
Ist das alles inbegriffen?	Hi va tot inclòs?	i βa tot‿inklɔ'ß
Gibt es eine Ermäßigung für Kinder?	Que hi ha preus reduits per als nens?	kᵉja' prä'us rrᵉðui'tß pᵉr ᵉls nänß
Können Sie ein Kinderbett in das Zimmer stellen?	Que hi poden posar un llit de nens, a l'habitació?	kᵉ i pɔ'ðᵉn pusa' un ljid dᵉ näns, ᵉlᵉβitᵉßio'
Haben Sie *einen Parkplatz (eine Garage)*?	Que hi ha *parking (garatge)*?	kᵉja' pa'rking (γᵉra'dGᵉ)
Können Sie diese *Wertsachen (Papiere)* aufbewahren?	Que em poden guardar aquests *objectes de valor (documents)*?	kᵉ‿m pɔ'ðᵉn guᵉrða'‿ ‿käds‿ubGe'ktᵉs ðᵉ βᵉlo'r (ðukume'nß)
Wecken Sie mich bitte morgen früh um . . . Uhr.	Si us plau, demà al matí cridi'm a les . . .	ßi uß pla'u, ðᵉma'l mᵉti' kri'ðim ᵉ lᵉß
Ist Post für mich da?	Que hi ha correu per a mi?	kᵉja' kurrä'u pᵉr mi
Können Sie mir noch *eine Decke (ein Kopfkissen, ein paar Kleiderbügel)* bringen?	Podria portar-me *una altra manta (un altre coixí, uns quants penjadores més)*?	puðri'ᵉ purta'rmᵉ u'nᵉ a'ltrᵉ ma'ntᵉ (un a'ltrᵉ kuschi', unß kua'ntß pᵉnGᵉðo's meß)
Die Dusche funktioniert nicht.	La dutxa no funciona.	lᵉ ðu'tschᵉ no funßio'nᵉ
Der Wasserhahn tropft.	L'aixeta goteja.	lᵉschä'tᵉ γutä'Gᵉ
Das Licht brennt nicht.	No hi ha llum.	noja' ljum
Der Abfluß ist verstopft.	El desguàs s'ha embussat.	ᵉl dᵉsγua'ß‿ßa‿mbußa't
Es kommt kein (warmes) Wasser.	No hi ha aigua (calenta).	noj‿a'iγuᵉ (kᵉle'ntᵉ)
Ich habe meinen Schlüssel *im Zimmer liegenlassen (verloren)*.	*M'he deixat la clau a l'habitació (He perdut la clau).*	me ðᵉscha'd lᵉ kla'u ᵉlᵉβitᵉßio' (e pᵉrðu'd lᵉ kla'u)

Aus meinem Zimmer ist ... gestohlen worden.	De la meva habitació han robat ...	d^e l^e me'β^e‿βit^{e}ßio' an rruβa't
Wir reisen morgen ab.	Marxem demà.	m^{e}rschä'm d^{e}ma'
Machen Sie bitte die Rechnung fertig.	Prepari'm el compte, si us plau.	pr^{e}pa'rim‿^{e}l ko'mt^e, ßi uß pla'u
Es war sehr schön hier.	Ens ha agradat molt, aquí.	ens‿aγr^{e}ða'd mol, ^{e}ki'
Ich komme (Wir kommen) nächstes Jahr wieder.	*Tornaré (Tornarem)* l'any que vé, si Déu vol.	turn^{e}re' (turn^{e}rä'm) lanj k^e βe, ßi ðe'u βɔl
Kann ich den Koffer noch bis 16 Uhr hierlassen?	Podria deixar la maleta aquí fins a les quatre de la tarda.	puðri'^{e} ð^{e}scha' l^e m^{e}lä't^e ^{e}ki' fins ^{e}l^{e}ß kua'tr^e ð^e l^e ta'rð^e
Rufen Sie bitte ein Taxi.	Faci venir un taxi, si us plau.	fa'ßi β^{e}ni' un ta'kßi, ßi uß pla'u

Wortliste

Aschenbecher	el cendrer	^{e}l ß^{e}ndre'
Bettwäsche	la roba de llit	l^e rrɔ'β^e ð^e ljit
Empfang	la recepció	l^e rr^{e}ß^{e}pßio'
Fahrstuhl	l'ascensor *m*	l^{e}ß^{e}nßo'
Fenster	la finestra	l^e fine'ßtr^e
Glühbirne	la bombeta	l^e βumbä't^e
Handtuch	la tovallola	l^e tuβ^{e}ljɔ'l^e
Heizung	la calefacció	l^e k^{e}l^{e}f^{e}kßio'
Klingel	el timbre	^{e}l ti'mbr^e
Kühlschrank	la nevera	l^e n^{e}βe'r^e
Lampe	la llum	l^e ljum
Lichtschalter	l'interruptor *m*	lint^{e}rrupto'
Liegestuhl	la gandula	l^e γ^{e}ndu'l^e
Schlüssel	la clau	l^e kla'u
Schrank	l'armari *m*	l^{e}rma'ri
Steckdose	l'endoll *m*	l^{e}ndo'lj
Toilettenpapier	el paper higiènic	^{e}l p^{e}pe' iGiä'nik
Tür	la porta	l^e pɔ'rt^e
Vorhang	la cortin(et)a	l^e kurti'n^e (kurtinä't^e)
Waschbecken	el lavabo	^{e}l l^{e}βa'βu
Wasserglas	el got (per a aigua)	^{e}l γɔt (p^{e}r a'iγu^e)

Jugendherberge und Camping

Gibt es hier *eine Jugendherberge (einen Campingplatz)*?	Que hi ha cap *alberg de joventut (càmping)*, aquí?	k^{e}ja' kap‿^{e}lbä'rg ð^e Guβ^{e}ntu't (ka'mping), ^{e}ki'
Sind Sie der Platzwart?	És vostè l'encarregat?	es βußtä' l^{e}nk^{e}rr^{e}γa't
Haben Sie noch Platz für *ein Zelt (einen Wohnwagen)*?	Que hi ha lloc encara per a *una tenda (una caravana)*?	k^{e}ja' ljɔk ^{e}nka'r^e p^{e}r‿u'n^e te'nd^e (u'n^e k^{e}r^{e}βa'n^e)
Wie hoch ist die Gebühr ...	Quina és la tarifa ...	ki'n^e es l^e t^{e}ri'f^e
– pro Person und Tag?	– per persona i dia?	p^{e}r p^{e}rßo'n^e i ði'^{e}
– für den Wohnwagen?	– per una caravana?	p^{e}r‿u'n^e k^{e}r^{e}βa'n^e
– für das *Auto (Zelt)*?	– per *un cotxe (una tenda)*?	p^{e}r un ko'tsch^e (u'n^e te'nd^e)
Vermieten Sie auch Bungalows?	Tenen també bungalows per llogar?	te'n^{e}n t^{e}mbe' βung^{e}lɔ'fß p^{e}r ljuγa'
Wir bleiben ... *Tage (Wochen)*.	Ens quedarem ... *dies (setmanes)*.	^{e}nß k^{e}ð^{e}rä'm ... di'^{e}ß (ß^{e}dma'n^{e}ß)
Wo sind die *Toiletten (Waschräume)*?	On són els *wàters (lavabos)*?	on‿βo'n ^{e}ls βa't^{e}rß (l^{e}βa'βuß)

Kann ich hier Gasflaschen umtauschen?	Es poden canviar aquí les bombones de gas (butà)?	^{e}ß pɔ'ð^{e}n k^{e}mbia'‿ki l^{e}s βumbo'n^{e}s ð^e γaß (βuta')
Ist der Platz nachts bewacht?	Hi ha vigilància nocturna?	ja' βiGila'nßi^e nuktu'rn^e
Gibt es hier in der Nähe ein Lebensmittelgeschäft?	Que hi ha cap botiga de comestibles per aquí?	k^{e}ja' kab‿buti'γ^e ð^e kum^{e}ßti'bbl^{e}ß p^{e}r‿^{e}ki'
Könnten Sie mir bitte ... leihen?	Podria deixar-me ..., si us plau?	puðri'^{e} ð^{e}scha'rm^e ..., ßi uß pla'u

Wortliste

baden	banyar-se	b^{e}nja'rß^e
bekommen	obtenir, rebre	upt^{e}ni', rrä'βr^e
Benutzungsgebühr	els drets d'utilització	^{e}ls ðräds ðutilids^{e}ßio'
Campingausweis	el carnet de camping	^{e}l k^{e}rnä'd‿d^e ka'mping
Eßgeschirr	la vaixella	l^e β^{e}sche'lj^e
Herbergsausweis	el carnet d'alberg	^{e}l k^{e}rnä'd‿d^{e}lβä'rk
kochen	cuinar	kuina'
Kochgeschirr	la bateria de cuina	l^e β^{e}t^{e}ri'^{e} ð^e ku'in^e
Kochstelle	el fogó	^{e}l fuγo'
Leihgebühr	el lloguer	^{e}l ljuγe'
Luftmatratze	el matalàs pneumàtic	^{e}l m^{e}t^{e}la's n^{e}uma'tik
parken	aparcar	^{e}p^{e}rka'
Schlafraum	el dormitori	^{e}l durmitɔ'ri
Schlafsack	el sac de dormir	^{e}l ßag ð^e ðurmi'
Trinkwasser	l'aigua potable *f*	la'iγu^e puta'bbl^e
waschen	rentar	rr^{e}nta'
zelten	acampar	^{e}k^{e}mpa'

Essen und Trinken

Im Hotel

Wo ist der *Frühstücksraum (Speisesaal)*?	On és el menjador?	on‿e's ^{e}l m^{e}nG^{e}ðo'
Wann sind die Essenszeiten?	A quines hores són els àpats?	^{e} ki'n^{e}s‿ɔ'r^e‿ßon ^{e}ls a'p^{e}tß
Ich komme heute nicht zum Abendessen.	Aquest vespre no vindré a sopar.	^{e}kä'd βe'ßpr^e no βindre' ^{e} ßupa'
Können wir auf dem Zimmer frühstücken?	Podem esmorzar a l'habitació?	puðä'm ^{e}smursa' ^{e} l^{e}βit^{e}ßio'
Kann ich morgen schon um 6 Uhr frühstücken?	Podria esmorzar ja a les sis demà?	puðri'^{e}‿smursa' Ga‿l^{e}ß‿ßi'ß ð^{e}ma'
Kann ich noch etwas zu essen bekommen?	Que hi ha encara res per menjar?	k^{e}ja' ^{e}nka'r^e rräß p^{e}r m^{e}nGa'
Was gibt es heute?	Què hi ha avui per menjar?	kä'ja‿βu'i p^{e}r m^{e}nGa'
Wir möchten einen anderen Tisch.	Voldríem una altra taula.	buldri'^{e}m un‿a'ltr^e ta'ul^e

Frühstück

Brot	el pa	^{e}l pa
Butter	la mantega	l^e m^{e}ntä'γ^e
heißes Wasser	l'aigua *f* calenta	la'iγu^e k^{e}le'nt^e

Honig	la mel	l^e mäl
Hörnchen	el croissant	^{e}l krusa'n
Kaffee	el cafè	^{e}l k^{e}fä'
– schwarz	– sol	ßɔl
– mit Milch	– amb llet	^{e}m ljet
– entkoffeinierter	– descafeïnat	ð^{e}ßk^{e}f^{e}ina't
Kakao	el cacau	^{e}l k^{e}ka'u
Marmelade	la melmelada	l^e m^{e}lm^{e}la'ð^e
Milch	la llet	l^e ljet
Schokolade	la xocolata	l^e schukula't^e
Tee	el te	^{e}l tä
– mit Zitrone	– amb llimona	^{e}m ljimo'n^e
Pfefferminztee	la infusió de menta	l^e imfusio' ð^e me'nt^e
Toast	la torrada	l^e turra'ð^e
Zucker	el sucre	^{e}l ßu'kr^e
Zwieback	els biscottes	^{e}ls βißkɔ'tß

Restaurant

AUTOSERVEI	**Selbstbedienung**
BAR	**Bar**
CAFÈ	**Café**
CERVESERIA	**(Bier-)Wirtschaft**
CONFITERIA	**Konditorei**
PASTISSERIA	**Feinbäckerei**
TAVERNA	**Weinstube**

Können Sie mir ein *gutes (Spezialitäten-)* Restaurant empfehlen?	Podria recomanar-me un *bon* restaurant *(d'especialitats)*?	puðri'^{e} rr^{e}kum^{e}na'rm^e um bɔn rr^{e}ßt^{e}ura'n (d^{e}ßp^{e}ßi^{e}lita'tß)
Gibt es hier eine *einfache Gaststätte (ein Selbstbedienungs-restaurant)*?	Que hi ha algun restaurant *senzill (amb autoservei)*, aquí?	k^{e}ja'‿lγu'n rr^{e}ßt^{e}ura'n ß^{e}nsi'lj (^{e}mb autuß^{e}rβä'i), ^{e}ki'
Ist dieser *Tisch (Platz)* noch frei?	És lliure *aquesta taula (aquest seient)*?	es lji'ur^e‿kä'ßt^e ta'ul^e (‿kä't ß^{e}je'n)
Reservieren Sie bitte für heute abend einen Tisch für 4 Personen.	Faci el favor de reservar-me per a aquest vespre una taula per a quatre persones.	fa'ßil f^{e}βo'r ð^e rr^{e}s^{e}rβa'rm^e p^{e}r^e‿käd βe'ßpr^e u'n^e ta'ul^e p^{e}r^e kua'tr^e p^{e}rßo'n^{e}ß
***Herr Ober (Fräulein)*, die Speisekarte bitte!**	*Cambrer (cambrera)*, doni'm el menú, si us plau!	k^{e}mbre' (k^{e}mbre'r^e), do'nim‿^{e}l m^{e}nu', ßi uß pla'u
Haben Sie auch Kinderportionen?	Que tenen també plats per als nens?	k^e te'n^{e}n t^{e}mbe' platß p^{e}r ^{e}ls nänß
Was können Sie mir empfehlen?	Què em recomana?	käm rr^{e}kuma'n^e
***Ich möchte (Wir möchten)* ...**	*Voldria (voldriem)* ...	buldri'^{e} (buldri'^{e}m)
– zu *Mittag (Abend)* essen.	– *dinar (sopar)*.	dina' (ßupa')
– nur etwas trinken.	– només beure alguna cosa.	nume's βä'ur^e‿lγu'n^e kɔ's^e
– nur eine Kleinigkeit essen.	– menjar una miqueta, només.	m^{e}nGa'‿u'n^e mikä't^e, nume'ß
Ich nehme ... *(das hier)*.	Prendré ... *(això)*.	p^{e}ndre' ... (^{e}schɔ')

Ich möchte mein Steak ...	Vull el bistec ...	bu'lj‿^{e}l βißte'k
– durchgebraten.	– fet.	fet
– halb durch (medium).	– al punt.	^{e}l pun
– englisch.	– més aviat cru (rosat a l'anglesa).	mes ^{e}βia't kru (rrusa't ^{e} l^{e}nglä's^e)
Bringen Sie uns bitte ...	Porti'ns ..., si us plau.	pɔ'rtins ... ßi uß pla'u
– ein Messer.	– un ganivet.	un g^{e}nißä't
– eine Gabel.	– una forquilla	u'n^e furki'lj^e
– einen (Tee-)Löffel.	– una cullera (cullereta)	u'n^e kulje'r^e (kulj^{e}rä't^e)
– einen Teller / ein Glas.	– un plat / un got	um plat / un gɔt
– eine Serviette.	– un tovalló	un tuß^{e}ljo'
Das Essen war ausgezeichnet.	El menjar ha estat excel·lent.	^{e}l m^{e}nGa' a‿ßta't‿ ^{e}kß^{e}lle'n
Zahlen, bitte!	El compte, si us plau!	^{e}l ko'mt^e, ßi uß pla'u
Ich zahle alles zusammen.	Ho pago jo tot plegat.	u pa'γu Go totpl^{e}γa't
Wir zahlen getrennt.	Paga cadascú el seu.	pa'γ^e k^{e}ð^{e}ßku' ^{e}lße'u
Es stimmt so.	Ja està bé així.	Ga‿^{e}ßta' βe ^{e}schi'

Café / Konditorei

Ich hätte gern ...	Voldria ...	buldri'^{e}
– ein Stück Kuchen.	– un tros de *pastís (coca)*.	un trɔs ð^e p^{e}ßti'ß (ko'k^e)
– ein (gemischtes) Eis.	– un gelat (variat).	un G^{e}la't (β^{e}ria't)
– zwei Eiskaffee.	– dos granissats de cafè.	dos γr^{e}nißa'ds ð^e k^{e}fä'
– einen Espresso.	– un cafè exprés.	un k^{e}fä' ^{e}kßpre'ß
– ein Glas *heiße (kalte)* Milch.	– un got de llet *calenta (freda)*.	un gɔd‿d^e ljet k^{e}le'nt^e (frä'ð^e)
– einen Tee mit *Rum (Zitrone)*.	– un te amb *rom (llimona)*.	un tä ^{e}m rom (ljimo'n^e)
– einen Kaffee.	– un cafè llarg.	un k^{e}fä' ljark

Wortliste

Café	el cafè	^{e}l k^{e}fä'
Eis	el gelat	^{e}l G^{e}la't
– Erdbeereis	– el gelat de maduixa	^{e}l G^{e}la'd‿d^e m^{e}ðu'sch^e
– Halbgefrorenes	– el gelat semifred	^{e}l G^{e}la't ßämifrä't
– Schokoladeneis	– el gelat de xocolata	^{e}l G^{e}la'd‿d^e schukula't^e
– Vanilleeis	– el gelat de vainilla	^{e}l G^{e}la'd‿d^e β^{e}ini'lj^e
– Eisbecher	– el gelat de copa	^{e}l G^{e}la'd‿d^e ko'p^e
Kakao	el cacau	^{e}l k^{e}ka'u
Konditorei	la confiteria	l^e kumfit^{e}ri'^{e}
Kuchen	el pastís, el tortell	^{e}l p^{e}ßti'ß, ^{e}l turte'lj
– Obsttorte	– el pastís de fruita	^{e}l p^{e}ßti's ð^e fru'it^e
– Obstkuchen	– el tortell de fruita	^{e}l turte'lj ð^e fru'it^e
– Kranzkuchen	– el tortell	^{e}l turte'lj
– Schweinsohren	– les ulleres	l^{e}s ulje'r^{e}ß

Schnellimbiß / Snack

Ich möchte bitte ...	Voldria ..., si us plau.	buldri'^{e} ..., ßi uß pla'u
– ein Sandwich (mit Wurst / Käse / Schinken).	– un *entrepà, emparedat, sandvitx* (d'embotits / de formatge / de pernil)	un‿^{e}ntr^{e}pa', ^{e}mp^{e}r^{e}ða't, ß^{e}mbi'tsch (d^{e}mbuti'tß / d^e furma'dG^e / d^e p^{e}rni'l)
– ein hartgekochtes Ei.	– un ou dur	un ɔ'u ðu
– ein weichgekochtes Ei.	– un ou passat per aigua	un ɔ'u p^{e}ßa't p^{e}r a'iγu^e

– Spiegeleier.	– ous ferrats	ɔ'uß f^{e}rra'tß
– Rühreier.	– ous remenats	ɔ'us rr^{e}m^{e}na'tß
– harte Eier.	– ous durs	ɔ'us ðuß
– eine Portion Pommes frites.	– una ració de patates fregides	u'n^e rr^{e}ßio' ð^e p^{e}ta't^{e}ß fr^{e}Gi'ð^{e}ß
– eine *Suppe (Brühe)*.	– un *plat de sopa (brou / caldo)*	um pla'd d^e ßo'p^e (brɔ'u / ka'ldu)
– das Tagesgericht.	– el plat del dia	^{e}l pla‿d^{e}l di'^{e}
– ein halbes Hähnchen.	– mig pollastre	mitsch pulja'str^e
– einen *Schinken-(Käse-)*toast.	– una torrada amb *pernil (formatge)*	u'n^e turra'ð^{e}m‿p^{e}rni'l (furma'dG^e)

Speisekarte

(* = Spezialitäten der katalanischen Küche)

Entremesos	^{e}ntr^{e}mä'suß	***Vorspeisen***
anxoves	^{e}nschɔ'β^{e}ß	Sardellen
cargols	k^{e}rγɔ'lß	Weinbergschnecken
carn freda	karm frä'ð^e	kaltes Fleisch
caviar	k^{e}βia'r	Kaviar
cloïsses	klui'ß^{e}ß	Venusmuscheln
empanada de carn	^{e}mp^{e}na'ð^e ð^e karn	Blätterteigpastete
foie gras (frz.)	fo'i γraß	Gänseleberpastete
musclos	mu'ßkluß	Pfahlmuscheln, Miesmuscheln
ous russos	ɔ'us rru'ßuß	russische Eier
ostres	ɔ'ßtr^{e}ß	Austern
*** pa amb tomàquet (i pernil)**	p‿am tuma'k^{e}t‿ (i p^{e}rni'l)	Tomatenbrot (Landbrot mit frischen Tomaten, Öl und Salz eingerieben; dazu oft Schinken)
sardines	ß^{e}rði'n^{e}ß	Sardinen
Sopes	ßo'p^{e}ß	***Suppen***
brou de gallina	brɔ'u ð^e γ^{e}lji'n^e	Hühnerbrühe
consomé	kunßume'	Kraftbrühe
*** escudella**	^{e}ßkuðe'lj^e	Escudella (Fleischbrühe mit Nudeleinlage, meist zusammen mit Carn d'olla)
sopa de bolets	ßo'p^e ð^e βulä'tß	Pilzsuppe
*** sopa catalana (amb mandonguilles)**	ßo'p^e k^{e}t^{e}la'n^e (^{e}m m^{e}ndungi'lj^{e}ß)	Sopa catalana (Hühnerbrühe mit Fleischklößchen, Zimt, Knoblauch und Kerbel)
sopa de col-i-flor	ßo'p^e ð^e kolif1ɔ'	Blumenkohlsuppe
sopa de crancs	ßo'p^e ð^e krangß	Krebssuppe
sopa de cua de bou	ßo'p^e ð^e ku'^{e} ð^e βɔ'u	Ochsenschwanzsuppe
sopa de llenties	ßo'p^e ð^e lj^{e}nti'^{e}ß	Linsensuppe
sopa de mongetes	ßo'p^e ð^e munGä't^{e}ß	Bohnensuppe
*** sopa de musclos**	ßo'p^e ð^e mu'ßkluß	Muschelsuppe (mit Tomaten, Branntwein, Knoblauch, Petersilie und Zimt)
sopa de peix	ßo'p^e ð^e pesch	Fischsuppe
sopa de pèsols	ßo'p^e ð^e pä'sulß	Erbsensuppe
sopa de sèmola	ßo'p^e ð^e ßä'mul^e	Griessuppe
sopa d'espàrrecs	ßo'p^e ð^{e}ßpa'rr^{e}kß	Spargelsuppe
sopa de tomàquet	ßo'p^e ð^e tuma'k^{e}t	Tomatensuppe
sopa de tortuga	ßo'p^e ð^e turtu'γ^e	Schildkrötensuppe

Plats de pastes i d'arròs	plads ð^e pa'ßt^{e}s i ð^{e}rrɔ'ß	***Nudel- und Reisgerichte***
arròs (amb llet)	^{e}rrɔ'ß (^{e}m ljet)	(Milch-)Reis
fideus	fiðä'uß	Fadennudeln
macarrons	m^{e}k^{e}rro'nß	Makkaroni
*** paella (valenciana)**	p^{e}e'lj^e (ß^{e}l^{e}nßia'n^e)	Paella (valencian. Reisgericht)
pizza	pi'ds^e	Pizza
raviolis	rr^{e}βiɔ'liß	Ravioli
tallarines	t^{e}lj^{e}ri'neß	Bandnudeln
Plats d'ous	plads ðɔ'uß	***Eiergerichte***
ous ferrats	ɔ'uß f^{e}rra'tß	Spiegeleier
ous durs	ɔ'us ðu'ß	gekochte Eier
ous remenats	ɔ'uß rr^{e}m^{e}na'tß	Rühreier
*** truita catalana**	tru'it^e k^{e}t^{e}la'n^e	katalanisches Omelette (mit Wurst und grünen Bohnen)
truita a la francesa	tru'it^e‿l^e fr^{e}nßä's^e	Omelette (nature)
truita de patates	tru'it^e ð^e p^{e}ta't^{e}ß	spanisches Omelette (mit Kartoffeln und Zwiebeln)
Peixos i mariscs	pe'schus i m^{e}ri'ßkß	***Fische und Meeresfrüchte***
anguila	^{e}ngi'l^e	Aal
areng	^{e}rä'ng	Salzhering
bacallà	b^{e}k^{e}lja'	Kabeljau
cavalla, verat	k^{e}βa'lj^e, b^{e}ra't	Makrele
calamars	k^{e}l^{e}ma'rß	Tintenfisch
carpa	ka'rp^e	Karpfen
crancs	krangß	Krebse
crancs de mar	krangs ð^e ma'r	Krabben
gade	ga'ð^e	Schellfisch
gambes	ga'mb^{e}ß	Garnelen
*** graellada de peixos (amb salsa romesco)**	gr^{e}eljað^e ð^e pe'schuß (^{e}m ßa'lß^e rrumä'ßku)	Graellada de peixos (Grillteller mit Fischen und Schalentieren, dazu Romesco-Sauce)
llagosta	lj^{e}γo'ßt^e	Languste
*** llagosta a la catalana**	lj^{e}γo'ßt^e l^e k^{e}t^{e}la'n^e	Languste à la catalana (mit Zwiebeln, Karotten, Knoblauch, Kräutern, Petersilie, Safran, Pfeffer, Paprika, Schokolade, Muskatnuß und Weinbrand)
llagostins	lj^{e}γußti'nß	Garnelen
llenguado	lj^{e}ngua'ðu	Seezunge
llobregant	ljußr^{e}γa'n	Hummer
lluç	lju'ß	Seehecht
lluç de riu	ljus ð^e rri'u	Hecht
perca	pä'rk^e	Zander, Barsch
rajada	rr^{e}Ga'ð^e	Rochen
*** rap a la Costa Brava**	rrap ^{e}l^e kɔ'ßt^e βra'β^e	Seeteufel a la Costa Brava (mit Erbsen, Pfefferschoten, Miesmuscheln, Safran, Knoblauch, Petersilie, Zitrone und Weißwein gegart)

salmó	ß^{e}lmo′	Lachs
*** sarsuela**	ß^{e}rßuä′l^e	Sarsuela (Fisch, Schalentiere in Sauce aus Safran, Knoblauch, Weißwein, Petersilie)
sèpia	ßä′pi^e	Tintenfisch
tenca	tä′nk^e	Schleie
tonyina	tunji′n^e	Thunfisch
truita	tru′it^e	Forelle
turbot	turβo′t	Steinbutt

Plats de carn	plads ð^e karn	***Fleischgerichte***
bistec	bißtä′k	Beefsteak
(rostit de) bou	(rrusti′d‿d^e) βɔ′u	Rind(erschmorbraten)
butifarra rostida	butifa′rr^e rrußti′ð^e	grobe Bratwurst
*** carn d'olla**	karn dɔ′lj^e	katalanischer Eintopf (Kalbfleisch, Huhn, Schweinefleisch, Blutwurst, Ei, Paniermehl, Gemüse; meist zusammen mit *Escudella*)
carn picada	karm pika′ð^e	Hackfleisch
cervell	ß^{e}rβe′lj	Hirn
*** conill amb cargols**	kuni′lj‿^{e}m k^{e}rγɔ′lß	Kaninchen mit Schnecken (mit Kräutern, Zimt, Mandeln und Biskuitkrumen)
costella	kußte′lj^e	Rippchen, Kotelett
costelles amb all-i-oli	kußte′lj^{e}s‿^{e}m a′ljiɔ′li	Lammrippchen mit Alioli
costelletes	kußt^{e}ljä′t^{e}ß	Rippchen
estofat (picant a l'hongaresa)	^{e}ßtufa′t (pika′n‿^{e} lung^{e}rä′s^e)	(ungarisches) Gulasch
*** embotits**	^{e}mbuti′tß	Embotits (gemischte Wurstwaren, Paprika-, Blut-, Weißwurst, auch kalt gegessen)
entrecot	^{e}ntr^{e}kɔ′t	Filetsteak
escalopa (a la vienesa)	^{e}ßk^{e}lo′p^e (l^e βi^{e}nä′s^e)	(Wiener) Schnitzel
fetge	fe′dG^e	Leber
filet de llom	filä′d‿d^e ljom	Rumpsteak
guisat (picant)	gisa′t (pika′n)	Ragout
llengua	lje′ngu^e	Zunge
llonza	ljo′ns^e	Kotelett
(costella de) moltó	(kußte′lj^e ð^e) multo′	Hammel(kotelett)
pernil (salat / dolç)	p^{e}rni′l (ß^{e}la′t / dolß)	Schinken (roh / gekocht)
porc	pɔrk	Schwein
pulmó	pulmo′	Lunge
ronyons	rrunjo′nß	Nieren
rosbif	rrusbi′f	Roastbeaf
rostit	rrußti′t	Braten
salsitxa rostida	ß^{e}lßi′tsch^e rrußti′ð^e	Bratwurst
salsitxes	ß^{e}lßi′tsch^{e}ß	Würstchen
(rostit de) vedella	(rrußti′d‿d^e) β^{e}ðe′lj^e	Kalb(sbraten)
(costelletes de) xai	(kußt^{e}ljä′t^{e}s ð^e) scha′i	Lamm(kotelettchen)

Caça i volateria	ka′ß^e‿i βul^{e}t^{e}ri′^{e}	***Wild und Geflügel***
ànec	a′n^{e}k	Ente
cabirol	k^{e}βiro′l	Reh
capó	k^{e}po′	Kapaun

cérvol	ße'rβul	Hirsch
colom	kulo'm	Taube
conill	kuni'lj	Kaninchen
cuixa	ku'sch^e	Keule
faisà	f^{e}isa'	Fasan
fricassé	frik^{e}ße'	Frikassee
gall dindi	ga'lj di'ndi	Truthahn, Puter
gallina	g^{e}lji'n^e	Huhn
guatlla	gua'llj^e	Wachtel
guisat	gisa't	Ragout
llebre	lje'βr^e	Hase
llom	ljom	Rücken
oca	ɔ'k^e	Gans
perdiu	p^{e}rði'u	Rebhuhn
*** perdiu a la catalana**	p^{e}rði'u ^{e}l^e k^{e}t^{e}la'n^e	Rebhuhn à la catalana (mit Kräutern und Zitrone gegart)
polla díndia	po'lj^e ði'ndi^e	Pute
pollastre	pulja'ßtr^e	Hähnchen
pit	pit	Brust
*** pollastre amb xamfaina**	pulja'ßtr^e‿m sch^{e}mfa'in^e	Hähnchen „amb xamfaina" (mit Auberginen, Paprika, Tomaten, Wein und Kräutern geschmort)
(porc) senglar	(pɔrk) ß^{e}ngla'	Wildschwein
Verdures	b^{e}rðu'r^{e}ß	***Gemüse***
all	alj	Knoblauch
bolets	bulä'tß	Pilze
*** calçotada**	k^{e}lßuta'ð^e	Calçotada (zarte Frühlingszwiebeln, gegrillt, dazu eine Sauce)
carbassó	k^{e}rβ^{e}ßo'	Zucchino
carbassa	k^{e}rβa'ß^e	Kürbis
carxofes	k^{e}rschɔ'f^{e}ß	Artischocken
cebes	ßä'β^{e}ß	Zwiebeln
choucroute	schukru't^e	Sauerkraut
cogombres	kuγo'mbr^{e}ß	Gurken
col arrissada	kɔl ^{e}rrißa'ð^e	Wirsing
col de Brussel·les	kɔl d^e βrußä'll^{e}ß	Rosenkohl
col de cabdell	kɔl d^e kabde'lj	Weißkohl
col-i-flor	kɔliflɔ'	Blumenkohl
col lombarda	kɔl lumba'rð^e	Rotkohl
col-rave	kɔl rra'β^e	Kohlrabi
croquetes de patata	krukä't^{e}s ð^e p^{e}ta't^e	Kartoffelkroketten
espàrrecs	^{e}ßpa'rr^{e}kß	Spargel
espinacs	^{e}ßpina'kß	Spinat
*** espinacs a la catalana**	^{e}ßpina'gs‿^{e}l^e k^{e}t^{e}la'n^e	Spinat à la catalana (mit Pinienkernen und Weintrauben)
faves	fa'β^{e}ß	Saubohnen
*** faves a la catalana**	fa'β^{e}s‿^{e}l^e k^{e}t^{e}la'n^e	Saubohnen à la catalana (mit Schwarzwurst, Schweinebauch, Zwiebeln, Minze, Lorbeer und Petersilie)
mongetes seques	munGä't^{e}ß ßä'k^{e}ß	weiße Bohnen
mongetes tendres	munGä't^{e}ß tä'ndr^{e}ß	grüne Bohnen
múrgoles	mu'rγul^{e}ß	Morcheln
pastanagues	p^{e}ßt^{e}na'γ^{e}ß	Karotten, Möhren
patates	p^{e}ta't^{e}ß	Kartoffeln
patates bullides	p^{e}ta't^{e}s βulji'ð^{e}ß	Salzkartoffeln

patates fregides (rosses)	p^{e}ta'tᵉß fr^{e}Gi'ð^{e}ß (rro'ß^{e}ß)	Pommes frites
patates fregides (saltades)	p^{e}ta't^{e}ß fr^{e}Gi'ð^{e}ß (ß^{e}lta'ð^{e}ß)	Bratkartoffeln
pebrots	p^{e}βrɔ'ts	Paprikaschoten
pèsols	pä'sulß	Erbsen
porro	pɔ'rru	Porree, Lauch
puré de patates	pure' ð^e p^{e}ta't^{e}ß	Kartoffelbrei
tomàquets	tuma'k^{e}tß	Tomaten
xampinyons	sch^{e}mpinjo'nß	Champignons
Amanides	^{e}m^{e}ni'ð^{e}ß	***Salate***
amanida	^{e}m^{e}ni'ð^e	
– d'api	ða'pi	Selleriesalat
– de cogombre	ð^e kuγo'mbr^e	Gurkensalat
– d'enciam	ð^{e}nßia'm	Kopfsalat
– d'escarola	ð^{e}ßk^{e}rɔ'l^e	Endiviensalat
– de mongetes	ð^e munGä't^{e}ß	Bohnensalat
– de patates	ð^e p^{e}ta't^{e}ß	Kartoffelsalat
– de tomàquet	ð^e tuma'k^{e}t	Tomatensalat
– de remolatxa	ð^e rr^{e}mula'tsch^e	Rote-Rüben-Salat
– variada	β^{e}ria'ð^e	gemischter Salat
Formatge	furma'dG^e	***Käse***
formatge	furma'dG^e	
– (fresc) de cabra	(frä'ßk) d^e ka'βr^e	(frischer) Ziegenkäse
– d'ovella	ðuβä'lj^e	Schafskäse
– manxego	m^{e}nschä'γu	Mancha-Käse (aus Kuh-, Schafs- und Ziegenmilch)
*** mel i mató**	mäl‿i m^{e}to'	Frischkäse mit Honig
Postres	pɔ'ßtr^{e}ß	***Süßspeisen***
compota	kumpɔ't^e	Kompott
crema	kre'm^e	Creme
*** crema catalana**	kre'm^e k^{e}t^{e}la'n^e	Crema catalana
flam	flam	Karamelpudding
gelat	G^{e}la't	Eis
macedònia (de fruita)	m^{e}ß^{e}ðɔ'ni^e (ð^e fru'it^e)	Obstsalat
*** menjar blanc**	m^{e}nGa' βla'ng	Menjar blanc (gemahlene Mandeln, Sahne, Kirschwasser und Zitrone)
*** panellets**	p^{e}n^{e}ljä'tß	Panellets (Konfekt aus Mandeln, Zucker, Eiern, Pinienkernen)
puré de pomes	pure' ð^e po'm^{e}ß	Apfelmus
Fruita	fru'it^e	***Obst***
albercocs	^{e}lβ^{e}rkɔ'kß	Aprikosen
ametlles	^{e}mä'llj^{e}ß	Mandeln
avajons	^{e}β^{e}Go'nß	Heidelbeeren
avajons roigs	^{e}β^{e}Go'ns rrɔ'tschß	Preiselbeeren
avellanes	^{e}β^{e}lja'n^{e}ß	Haselnüsse
cireres	ßire'r^{e}ß	Kirschen
dàtils	da'tilß	Datteln
figues	fiγ^{e}ß	Feigen
gerdons	G^{e}rdo'nß	Himbeeren

groselles	gruse'lj^{e}ß	Johannisbeeren
guindes	gi'nd^{e}ß	(Sauer-) Kirschen
maduixes	m^{e}ðu'sch^{e}ß	Erdbeeren
magranes	m^{e}γra'n^{e}ß	Granatäpfel
mandarines	m^{e}nd^{e}ri'n^{e}ß	Mandarinen
meló	m^{e}lo'	Honigmelone
mores	mɔ'r^{e}ß	Maulbeeren
móres	mo'r^{e}ß	Brombeeren
nabius	n^{e}βi'uß	Heidelbeeren
nabius roigs	n^{e}βi'us rrɔ'tschß	Preiselbeeren
naronjes	n^{e}rɔ'nG^{e}ß	Grapefruits, Pampelmusen
nous	nɔ'uß	Walnüsse
peres	pä'r^{e}ß	Birnen
pinya	pi'nj^e	Ananas
plàtans	pla't^{e}nß	Bananen
pomes	po'm^{e}ß	Äpfel
*** postres de músic**	pɔ'ßtr^{e}s ð^e mu'sik	Studentenfutter
préssecs	pre'ß^{e}kß	Pfirsiche
prunes	pru'n^{e}ß	Pflaumen
raïms	rr^{e}i'mß	Weintrauben
ribes vermelles	ri'β^{e}s β^{e}rmä'lj^{e}ß	Johannisbeeren
síndria	ßi'ndri^e	Wassermelone
taronges	t^{e}rɔ'nG^{e}ß	Apfelsinen

Wortliste Lebensmittel

Brot	pa	pa
– Landbrot	– de pagès	– ð^e p^{e}Gä'ß
– Roggenbrot	– de sègol	– ð^e ßä'γul
– Vollkornbrot	– integral	– int^{e}γra'l
Butter	mantega	m^{e}ntä'γ^e
Essig	vinagre	bina'γr^e
Fisch	peix	pesch
Fleisch	carn	karn
Gemüse	verdures	b^{e}rðu'r^{e}ß
Gewürz	condiment	kundime'n
Hackfleisch	carn picada	karm pika'ð^e
Haferflocken	flocs de civada	flɔ'gs ð^e ßiβa'ð^e
Hefe	llevat	lj^{e}βa't
Joghurt	iogurt	juγu'rt
Kaugummi	xiclet	schiklä't
Käse	formatge	furma'dG^e
Kekse	galetes	g^{e}lä't^{e}ß
Milch	llet	ljet
Öl / Olivenöl	oli / oli d'olives	ɔ'li / ɔ'li ðuli'β^{e}ß
Petersilie	julivert	Guliβä'rt
Pfeffer	pebre	pä'βr^e
Quark	mató, quallada	m^{e}to', ku^{e}lja'ð^e
Scheibe (Brot)	llesca (de pa)	ljä'ßk^e (ð^e pa)
– (Wurst)	– rodanxa (d'embotit)	rruða'nsch^e (ð^{e}mbuti't)
Schinken	pernil	p^{e}rni'l
Senf	mostassa	mußta'ß^e
Wurst *(zum Braten, Bratwurst)*	botifarra, salsitxa	butifa'rr^e, ß^{e}lßi'tsch^e
Wurst *(kalt)*	embotit	^{e}mbuti't
Zucker	sucre	ßu'kr^e
eine Dose ...	una llauna de ...	u'n^e lja'un^e ð^e
eine Flasche ...	una ampolla de ...	un‿^{e}mpo'lj^e ð^e
ein Glas *(mit Fuß)* ...	una copa de ...	u'n^e ko'p^e ð^e
ein Glas *(Trinkglas)* ...	un got de ...	un gɔ'd‿d^e
ein Liter ...	un litre de ...	un li'tr^e ð^e
ein Viertel ...	un quart de ...	un kua'rd‿d^e

Getränke

alkoholische Getränke

Aperitif	l'aperitiu *m*	l^{e}p^{e}riti'u
Bier	la cervesa	l^e ß^{e}rβä's^e
– dunkles / helles	– negra / clara	nä'γr^e / kla'r^e
– vom Faß	– de barril	ð^e β^{e}rri'l
Likör	el licor	^{e}l liko'r
Rum	el rom	^{e}l rrɔm
Schnaps	l'aiguardent *m*	l^{e}iγu^{e}rðe'n
Sekt	el cava	^{e}l ka'β^e
Wein	el vi	^{e}l βi
– weiß / rot / rosé / süß	– blanc / negre / rosat / dolç	blang / nä'γr^e / rrusa't / dolß
– trocken / mild	– sec / suau	ßäk / ßua'u
– leicht / stark	– lleuger / fort	lj^{e}uGe' / fɔrt
– Dessertwein	– el vi bo, el vi ranci	^{e}l βi βɔ', ^{e}l βi rra'nßi
– Apfelwein	– la sidra	l^e ßi'ðr^e
– Glühwein	– el vi calent	^{e}l βi k^{e}le'n
– Landwein	– el vi del país	^{e}l βi ð^{e}l p^{e}i'ß
– Tafelwein	– el vi de taula	^{e}l βi ð^e ta'ul^e
Weinbrand	el brandi	^{e}l βra'ndi

alkoholfreie Getränke

Apfelsaft	el suc de pomes	^{e}l ßug ð^e po'm^{e}ß
Fruchtsaft	el suc de fruita	^{e}l ßug ð^e fru'it^e
Limonade	la llimonada / la gasosa	l^e ljimuna'ð^e / l^e g^{e}so's^e
Orangensaft	el suc de taronges	^{e}l ßug ð^e t^{e}rɔ'nG^{e}ß
Tomatensaft	el suc de tomàquet	^{e}l ßug ð^e tuma'k^{e}t
Wasser	l'aigua *f*	la'iγu^e
Mineralwasser *mit* (*ohne*) Kohlensäure	l'aigua mineral *amb* (*sense*) gas	la'iγu^e min^{e}ra'l ^{e}m (ße'nß^e) γaß
Zitrone (Natur)	el suc de llimona	^{e}l ßug ð^e ljimo'n^e

Besichtigungen und Ausflüge

In der Stadt

Welche Sehenswürdigkeiten gibt es hier?	Què es pot visitar aquí?	käß pɔd βisita'‿ki'
Wir möchten ... besichtigen.	Desitjariem visitar ...	d^{e}sidG^{e}ri'^{e}m bisita'
Wann ist ... geöffnet?	A quina hora obren ...?	^{e} ki'n‿ɔ'r^e‿ɔ'βr^{e}n
Gibt es eine Führung (in Deutsch)?	Que hi ha alguna visita amb guia (en alemany)?	k^{e}ja'‿lγu'n^e βisi't^e‿m gi'^{e}(‿n ^{e}l^{e}ma'nj)
Was für ein *Gebäude* (*Denkmal*) ist das?	Quin *edifici* (*monument*) és aquest?	ki'n ^{e}ðifi'ßi (munume'n) e's‿^{e}kä't
Wann wurde das gebaut?	Quan va ser construït?	kua'm ba ße kunßtrui't
Wo befindet sich ...?	On és ...?	on e'ß
Wie komme ich *zum* (*zur*) ...	Com s'hi va ...?	kɔm ßi βa
– Ausstellung?	– a l'exposició?	^{e}l^{e}kßpusißio'
– Galerie?	– a la galeria?	^{e}l^e γ^{e}l^{e}ri'^{e}
– ...-Kirche?	– a l'església ...?	^{e}l^{e}ßgle'si^e
– Museum?	– al museu?	^{e}l musä'u

– Palast?	– al palau?	^{e}l p^{e}la'u
– Schloß?	– al castell?	^{e}l k^{e}ßte'lj
– Universität?	– a la universitat?	^{e}l^e uniβ^{e}rßita't
Ist es weit?	És lluny?	es ljunj
In welche Richtung muß ich gehen?	En quina direcció he d'anar?	^{e}n ki'n^e ðir^{e}kßio' e ð^{e}na'
Wie viele Minuten zu Fuß?	Quants minuts hi ha a peu?	kua'ns minu'ds ja'^{e} pä'u
Mit welchem Bus kann ich fahren?	Quin autobús puc agafar?	kin autuβu'ß puk ^{e}γ^{e}fa'
Wo muß ich *aussteigen* *(umsteigen)*?	On he de *baixar* *(canviar d'autobús)*?	on‿e' ð^e β^{e}scha' (k^{e}mbia' ðautuβu's)
Wo bekomme ich ein Taxi?	On puc trobar un taxi?	om puk truβa' un ta'kßi
Zum . . . -Hotel, bitte.	A l'Hotel . . . , si us plau.	^{e} lutä'l . . . , ßi uß pla'u
In die . . . -Straße 3, bitte.	Al carrer . . . , número tres, si us plau.	^{e}l k^{e}rre' . . . , nu'm^{e}ru träß, ßi uß pla'u

Ausflüge

Wir möchten uns für den Ausflug nach . . . anmelden.	Voldríem apuntar-nos per a l'excursió a . . .	buldri'^{e}m ^{e}punta'rnuß p^{e}r^e l^{e}kßkurßio' ^{e}
Besichtigen wir auch . . . ?	També visitarem . . . ?	t^{e}mbe' βisit^{e}rä'm
Wann geht es los?	A quina hora sortirem?	^{e}ki'n‿ɔ'r^e ßurtirä'm
Wann kommen wir zurück?	A quina hora tornarem?	^{e}ki'n‿ɔ'r^e turn^{e}rä'm
Können wir Einkäufe machen?	Podrem anar a comprar?	puðrä'm‿^{e}na' kumpra'
Ist das Mittagessen im Preis inbegriffen?	Que hi va inclòs el dinar, en el preu?	k^e i βa inklɔ's ^{e}l dina', ^{e}n‿^{e}l prä'u

Wortliste

Abfahrt	la sortida	l^e ßurti'ð^e
Altar	l'altar *m*	l^{e}lta'
Altstadt	la ciutat vella	l^e ßiuta'd βe'lj^e
Ausgrabungen	les excavacions	l^{e}s ^{e}kßk^{e}β^{e}ßio'nß
Besichtigung	la visita, la guiada	l^e βisi't^e, l^e γia'ð^e
Bild	el quadre	^{e}l kua'ðr^e
Brücke	el pont	^{e}l pɔn
Brunnen	la font	l^e fɔn
Fluß	el riu	^{e}l rri'u
Fremdenführer	la guia turística	l^e γi'^{e} turi'ßtik^e
Friedhof	el cementiri	^{e}l ß^{e}m^{e}nti'ri
Garten	el jardí	^{e}l G^{e}rði'
Gebirge	la muntanya	l^e munta'nj^e
Gegend	la regió	l^e rr^{e}Gio'
Gewölbe	la volta	l^e βɔ'lt^e
Grab	el sepulcre	^{e}l ß^{e}pu'lkr^e
Hafen	el port	^{e}l pɔrt
Haus	la casa	l^e ka's^e
Hof *(Bauernhof)*	la masia, el mas	l^e m^{e}si'^{e}, ^{e}l maß
Hof *(Innenhof)*	el pati	^{e}l pa'ti
Höhle	la cova	l^e ko'β^e
Kloster	el convent, el monestir	^{e}l kumbe'n, ^{e}l mun^{e}ßti'
Kuppel	la cúpula	l^e ku'pul^e
Künstler	l'artista *m/f*	l^{e}rti'ßt^e
Landschaft	el paisatge	^{e}l p^{e}isa'dG^e
Markt	el mercat	^{e}l m^{e}rka't

Nationalpark	el parc nacional	^{e}l parg n^{e}ßiuna'l
Oper	l'òpera *f*	lɔ'p^{e}r^e
Park	el parc	^{e}l park
Platz	la plaça	l^e pla'ß^e
Radtour	el passeig amb bicicleta	^{e}l p^{e}ßä'dG‿^{e}m bißiklä't^e
Raststätte	el parador	^{e}l p^{e}r^{e}ðo'
Rathaus	l'ajuntament *m*	l^{e}Gunt^{e}me'n
Ruine	les ruïnes	l^{e}s rrui'n^{e}ß
Saal	la sala	l^e ßa'l^e
Sessellift	el telesquí	^{e}l t^{e}l^{e}ßki'
Stadion	l'estadi *m*	l^{e}ßta'ði
Statue	l'estàtua *f*	l^{e}ßta'tu^e
Tal	la vall	l^e βalj
Theater	el teatre	^{e}l tea'tr^e
Tor	la porta, el portal	l^e pɔ'rt^e, ^{e}l purta'l
Turm	la torre	l^e tɔ'rr^e
Umgebung	els voltants	^{e}ls βulta'nß
Wanderweg	la sendera, el camí	l^e ß^{e}nde'r^e, el k^{e}mi'
Wasserfall	la cascada	l^e k^{e}ßka'ð^e
Weg	el camí	^{e}l k^{e}mi'
Weinprobe	la degustació de vi	l^e ð^{e}γußt^{e}ßio' ð^e βi'
Zoo	el parc zoològic	el pa'rg soolɔ'Gik

Kulturelle Veranstaltungen / Gottesdienst

Was wird heute abend *im Kino (im Theater, in der Oper)* gegeben?	Què fan aquesta nit *al cine (al teatre, a l'òpera)*?	kä fan‿^{e}kä'ßt^e nit ^{e}l ßi'n^e (^{e}l tea'tr^e, ^{e} lɔ'p^{e}r^e)
Können Sie mir *ein Theaterstück (ein Konzert, einen Film)* empfehlen?	Pot recomanar-me *una obra de teatre (un concert, una pel·lícula)*?	pɔd rr^{e}kum^{e}na'rm^e‿u'n^e ɔ'βr^e ð^e tea'tr^e (un kunßä'rt, u'n^e p^{e}lli'kul^e)
Wann beginnt ...	A quina hora comença ...	^{e} ki'n‿ɔ'r^e kumä'nß^e
– die Vorstellung?	– l'espectacle?	l^{e}ßp^{e}kta'kl^e
– der Hauptfilm?	– la pel·lícula?	l^e p^{e}lli'kul^e
Wo bekommt man die Karten?	On es venen les entrades?	on‿^{e}s βä'n^{e}n l^{e}s‿^{e}ntra'ð^{e}ß
Haben Sie noch Karten für *heute (morgen)*?	Que encara queden entrades per a la funció *d'avui (de demà)*?	k^e‿nka'r^e ke'ð^{e}n‿^{e}ntra'ð^{e}ß p^{e}r^e l^e funßio' ð^{e}βu'i (ð^e ð^{e}ma')

AMFITEATRE	**Rang**
AMFITEATRE PRINCIPAL	**1. Rang**
AMFITEATRE SEGÓN	**2. Rang**
ENTRADA	**Eingang**
FILA	**Reihe**
LLOTJA	**Loge**
NO HI HA ENTRADES	**ausverkauft**
PLATEA	**Parkett**
SEIENT	**Platz**
SORTIDA D'EMERGÈNCIA	**Notausgang**

Bitte zwei Karten zu ... Peseten.	Dues entrades de ... pessetes, si us plau.	du'^{e}s ^{e}ntra'ð^{e}s ð^e ... p^{e}ßä't^{e}ß, ßi uß pla'u
Wo ist die *katholische (evangelische)* Kirche?	On és *l'església catòlica (el temple protestant)*?	on‿e's l^{e}sɣle'si^e k^{e}tɔ'lik^e (^{e}l te'mpl^e prut^{e}ßta'n)
Wann findet *der Gottesdienst (die Messe)* statt?	A quina hora és *l'ofici diví (la missa)*?	^{e}ki'n‿ɔ'r‿es lufi'ßi ðißi' (l^e mi'ß^e)

Wortliste

Arie	l'ària *f*	la'ri^e
Artist	l'artista *m/f*	l^{e}rti'ßt^e
Autor	l'autor *m*	l^{e}uto'
Ballett	el ballet	^{e}l β^{e}lljä't
Bühne	l'escenari *m*	l^{e}ß^{e}na'ri
Chor	el cor	^{e}l kɔr
Dirigent	el director d'orquestra	^{e}l dir^{e}kto' ðurke'ßtr^e
Inszenierung	l'escenificació *f*	l^{e}ß^{e}nifik^{e}ßio'
Komponist	el compositor	^{e}l kumpusito'
Orchester	l'orquestra *f*	lurke'ßtr^e
Orgel	l'orgue *m*	lɔ'rg^e
Pause	l'entreacte *m*	l^{e}ntr^{e}a'kt^e
Platzanweiser(in)	l'acomodador(a *f*) *m*	l^{e}kumuð^{e}ðo'(r^e)
Programm(heft)	el programa	^{e}l pruɣra'm^e
Regie / Regisseur	la direcció / el director d'escena	l^e ðir^{e}kßio' / ^{e}l dir^{e}kto' ð^{e}ßä'n^e
Sänger(in)	el / la cantant	^{e}l / l^e k^{e}nta'n
Solist(in)	el / la solista	^{e}l / l^e ßuli'ßt^e

Sport und Freizeit

Baden / Strand / Wassersport

NOMÉS PER A NEDADORS	**Nur für Schwimmer**
PROHIBIT BANYAR-SE	**Baden verboten**

Gibt es hier ...	Que hi ha cap ..., aquí?	k^{e}ja' kap ..., ^{e}ki'
– ein Freibad?	– piscina (a l'aire lliure)	pißi'n^e (^{e} la'ir^e lji'ur^e)
– ein Hallenbad?	– piscina coberta	pißi'n^e kuβä'rt^e
– einen Nacktbadestrand?	– platja de nudisme	pla'dǤ^e ð^e nuði'sm^e
– ein Thermalbad?	– bany termal	banj t^{e}rma'l
– eine Sauna?	– sauna	ßa'un^e
– eine Segelschule?	– escola de vela	^{e}ßkɔ'l^e ð^e βä'l^e
– eine Surfschule?	– escola de surf	^{e}ßkɔ'l^e ð^e ßurf
Kann man hier einen *Schwimmkurs (Tauchkurs)* machen?	Que es pot fer un curset de *natació (submarinisme)*, aquí?	k^{e}ß pɔt fe un kurßä'd d^e n^{e}t^{e}ßio' (ßumm^{e}rini'sm^e), ^{e}ki'
Wo ist der Strand?	On és la platja?	on‿e's l^e pla'dǤ^e
Ist es für Kinder gefährlich?	Que és perillós per els nens?	keß p^{e}riljo'ß p^{e}r ^{e}ls nänß
Ich möchte ... *leihen (mieten)*.	Voldria llogar ...	buldri'^{e} ljuɣa'
– ein Boot / Tretboot	– una barca / una barca de pedals.	u'n^e βa'rk^e / u'n^e βa'rk^e ð^e p^{e}ða'lß

– eine Kabine	– una cabina.	u'n^e k^{e}βi'n^e
– einen Liegestuhl	– una gandula.	u'n^e γ^{e}ndu'l^e
– einen Sonnenschirm	– un para-sol.	um par^{e}ßɔ'l
– ein Surfbrett	– una planxa de surf.	u'n^e pla'nsch^e ð^e ßurf
– eine Taucher-ausrüstung	– un equip de bus.	un ^{e}ki'b ð^e βuß
– ein Paar Wasserski	– uns esquís nàutics.	uns ^{e}ßki's na'utikß
Ist es möglich, mit einem Fischerboot mitzufahren?	Que es pot sortir amb els pescadors amb alguna barca?	k^{e}ß pɔ't ßurti'‿mb‿^{e}lß p^{e}ßk^{e}ðo's‿^{e}mb‿^{e}lγu'n^e ba'rk^e
Was kostet das pro *Stunde (Tag)*?	Quant costa per *hora (dia)*?	kua'n kɔ'ßt^e p^{e}r ɔ'r^e (ði'^{e})

Andere Sportarten

Welchen Sport kann man hier treiben?	Quins esports es poden practicar, aquí?	kins ^{e}ßpɔ'rds ^{e}ß pɔ'ð^{e}n pr^{e}ktika', ^{e}ki'
Gibt es in der Nähe ...	Que hi ha ..., per aquí a prop?	k^{e}ja' ..., p^{e}r‿^{e}ki' ^{e}prɔ'p
– eine Eisbahn?	– una pista de gel	u'n^e pi'ßt^e ð^e Ǵäl
– einen Fahrradverleih?	– un lloc on lloguin bicicletes	un ljɔ'k‿on ljɔ'γin βißiklä't^{e}ß
– einen Golfplatz?	– algun camp de golf	‿lγun kam d^e γɔlf
– eine Minigolfanlage?	– algun mini-golf	‿lγum miniγɔ'lf
– eine Langlaufloipe?	– alguna pista d'esquí (per a curses de fons)	‿lγu'n^e pi'ßt^e ð^{e}ßki' (p^{e}r^e ku'rß^{e}s ð^e fonß)
– eine Reitschule?	– alguna escola d'equitació	‿lγu'n^e‿ßkɔ'l^e ð^{e}kit^{e}ßio'
– einen Skilift?	– algun telesquí	‿lγun t^{e}l^{e}ßki'
– einen Tennisplatz?	– alguna pista de tennis	‿lγu'n^e pi'ßt^e ð^e tä'niß
Ich würde gern ...	M'agradaria ...	m^{e}γr^{e}ð^{e}ri'^{e}
– eine Bergtour machen.	– fer una excursió de muntanya.	fe un‿^{e}kßkurßio' ð^e munta'nj^e
– Boccia spielen.	– jugar a botxes.	Ǵuγa'^{e} βɔ'tsch^{e}ß
– Federball spielen.	– jugar a bàdminton.	Ǵuγa'^{e} βa'mminton
– kegeln.	– jugar a les bitlles.	Ǵuγa' ^{e}l^{e}s βi'llj^{e}ß
– Tischtennis spielen.	– jugar a ping-pong.	Ǵuγa'^{e} ping-pɔ'ng
– wandern.	– fer excursions (a peu).	fe ^{e}kßkurßio'ns (^{e} pä'u)
– einen Waldlauf machen.	– fer *una cursa pel bosc (un cross)*.	fe u'n^e ku'rß^e p^{e}l βɔßk (un krɔß)
Können Sie mir *eine interessante Route (einen schönen Weg)* auf der Karte zeigen?	Pot indicar-me en el mapa un *itinerari interessant (camí bonic)*?	pɔt indika'rm^e‿n^{e}l ma'p^e un itin^{e}ra'ri int^{e}r^{e}ßa'n (k^{e}mi' βuni'k)
Sind die Schnee-verhältnisse gut?	Està bé la neu?	^{e}ßta' βe l^e ne'u
Wo kann man hier ...	On es pot ..., aquí?	on‿^{e}ß pɔt ..., ^{e}ki'
– angeln?	– pescar amb canya	p^{e}ßka' ^{e}m ka'nj^e
– Schlittschuh laufen?	– patinar (sobre gel)	p^{e}tina' (ßo'βr^e Ǵäl)
– Schlitten fahren?	– anar amb trineu	^{e}na' ^{e}m trine'u

Andere Freizeitbeschäftigungen

Spielen Sie *Karten, (Dame, Schach)*?	Que juga *a cartes (a dames, a escacs)*?	k^{e}Ǵu'γ^e ^{e} ka'rt^{e}ß (^{e} ða'm^{e}ß, ^{e} ^{e}ßka'kß)
Gibt es hier ...	Que hi ha aquí ...	k^{e}ja' ^{e}ki'
– einen Billardraum?	– alguna sala de billar?	‿lγu'n^e ßa'l^e ð^e βilja'
– eine Nachtbar?	– alguna boîte?	‿lγu'n^e bua't
– eine Spielhalle?	– alguna casa de jocs?	‿lγu'n^e ka's^e ð^e Ǵɔkß
– ein Spielkasino?	– algun casino (de jocs)?	‿lγun k^{e}si'nu (ð^e Ǵɔks)

Finden hier auch ... statt?	Que s'hi organitzen també ...	k^{e}‿ßi urγ^{e}ni'ds^{e}n t^{e}mbe'
– Folkloreabende	– vetllades folklòriques?	β^{e}llja'ð^{e}ß fulklɔ'rik^{e}ß
– Pferderennen	– curses de cavalls?	ku'rß^{e}s ð^{e} k^{e}βa'ljß
– Stierkämpfe	– corrides de toros?	kurri'ð^{e}s ð^{e} tɔ'ruß
Ich möchte mir ... ansehen.	M'agradaria veure ...	m^{e}γr^{e}ð^{e}ri'^{e} βä'ur^{e}
– den Boxkampf	– el combat de boxa.	^{e}l kumba'd‿d^{e} βɔ'kß^{e}
– das Fußballspiel	– el partit de futbol.	^{e}l p^{e}rti'd‿d^{e} fubbɔ'l
– das Radrennen	– la cursa ciclista.	l^{e} ku'rß^{e} ßikli'ßt^{e}

Tanz / Disko / Flirt

Gibt es hier *eine Diskothek (ein Tanzlokal)*?	Que hi ha cap *discoteca (sala de ball)*, aquí?	k^{e}ja' kab ðißkutä'k^{e} (ßa'l^{e} d^{e} βalj), ^{e}ki'
Wollen wir (noch einmal) tanzen?	Ballem? (Tornem a ballar?)	b^{e}ljä'm (turnä'm‿^{e} β^{e}lja')
Darf ich mich zu Ihnen setzen?	Puc asseure'm al seu costat?	puk ^{e}ßä'ur^{e}m ^{e}l ße'u kußta't
Trinken wir etwas zusammen?	Prenem alguna cosa *(beguda)* junts?	pr^{e}nä'm ^{e}lγu'n^{e} kɔ's^{e} (β^{e}γu'ð^{e}) Ɠunß
Wollen wir noch einen Bummel machen?	Fem un volt, encara?	fäm um bɔl, ^{e}nka'r^{e}
Darf ich Sie *ein Stück (nach Hause)* begleiten?	Puc acompanyar-la *un tros (a casa)*?	puk ^{e}kump^{e}nja'rl^{e} un trɔß (^{e} ka's^{e})
Wann sehen wir uns wieder?	Quan tornarem a veure'ns?	kua'n turn^{e}rä'm ^{e} βä'ur^{e}nß
Haben Sie für heute abend schon etwas vor?	Que té res programat per a aquest vespre?	k^{e} te rräß pruγr^{e}ma't p^{e}r ^{e}kä'd βe'ßpr^{e}
Darf ich Sie morgen zum Essen einladen?	Em permet invitar-la a *dinar (sopar)* demà?	^{e}m p^{e}rmä't imbita'rl^{e}‿ ‿ðina' (ßupa') ð^{e}ma'‿
Ich erwarte *dich (Sie)* bei *(am, in)* ...	*T'espero (L'espero)* a ...	t^{e}ßpe'ru (l^{e}ßpe'ru) ^{e}
Vielen Dank für den schönen Abend.	Molt agraït per l'agradable vetllada que hem passat junts.	mol ^{e}γr^{e}i't p^{e}r l^{e}γr^{e}ða'bbl^{e} β^{e}llja'ð^{e} käm p^{e}ßa'd Ɠunß
Sie sind sehr nett.	És molt amable (gentil).	es mol ^{e}ma'bbl^{e} (Ɠ^{e}nti'l)
Ich liebe dich!	T'estimo!	t^{e}ßti'mu

Einkäufe

Allgemeines

Wo kann man ... kaufen?	On venen ... ?	om bä'nen
Haben Sie ... ?	Tenen ... ?	te'n^{e}n
Wieviel kostet das?	Quant val (això)?	kua'm bal (^{e}schɔ')
Haben Sie etwas Billigeres?	No tenen res que sigui més barat?	no te'n^{e}n rräs k^{e} ßi'γi mes β^{e}ra't
Ich nehme es.	M'ho quedo.	mu ke'ðu
Nehmen Sie *D-Mark (Euroschecks)*?	Accepten *marcs alemanys (euroxecs)*?	^{e}kße'pt^{e}n marks‿ ‿^{e}l^{e}ma'njß (euruschä'kß)

Kann ich das umtauschen?	Puc canviar-ho?	puk k^{e}mbia′ru
Können Sie mir eine (Plastik-)Tüte geben?	Pot donar-me una bossa (de plàstic)?	pɔd‿duna′rm^e‿u′n^e βo′ß^e (ð^e pla′ßtik)
Ich möchte ...	En voldria ...	^{e}m buldri′^{e}
– ein Stück / ein Paar	– un tros / un parell	un trɔß / um p^{e}rä′lj
– ein Glas / eine Dose	– un got / una llauna	un gɔt / u′n^e lja′un^e
– 100 Gramm	– cent grams	ßen gramß
– ein (halbes) Kilo	– *un (mig)* quilo	un (mitsch) ki′lu
– 30 Zentimeter	– trenta centímetres	trä′nt^e ß^{e}nti′m^{e}tr^{e}ß
– einen Meter	– un metre	um mä′tr^e
beige / blau / braun	beige / blau / marró	beG / bla′u / m^{e}rro′
dunkel / gelb / grau	fosc / groc / gris	foßk / grɔk / griß
grün / hell / rosa	verd / clar / rosat	bärt / kla / rrusa′t
rot / schwarz / weiß	roig, vermell / negre / blanc	rrɔtsch, b^{e}rmä′lj / nä′γr^e / blang

Foto

Ich hätte gern ...	Voldria ...	buldri′^{e}
– einen Diafilm.	– un rodet (de pel·lícula) per a diapositiva.	un rruðä′d‿(d^e p^{e}lli′kul^e) p^{e}r‿^{e} ði′^{e} pusiti′β^e
– einen Farbfilm.	– una pel·lícula en color.	u′n^e p^{e}lli′kul^e‿n kulo′
– einen Film für diesen Apparat mit 36 (24) Aufnahmen.	– un rodet de trenta-sis (vint-i-quatre) fotos per a aquesta màquina.	un rruðä′d‿d^e trä′nt^{e}ßiß (βintikua′tr^e) fo′tuß p^{e}r ^{e}kä′ßt^e ma′kin^e
– einen Kassettenfilm.	– una pel·lícula amb xassís.	u′n^e p^{e}lli′kul^e‿m sch^{e}ßi′ß
– einen Super-8-Farbfilm.	– una pel·lícula de super 8 en color.	u′n^e p^{e}lli′kul^e ð^e ßu′p^{e}r βu′it ^{e}n kulo′
– so eine Batterie.	– una bateria com aquesta.	u′n^e β^{e}t^{e}ri′^{e} kɔm‿^{e}kä′ßt^e
Würden Sie mir bitte den Film einlegen?	Podria posar-me el rodet, si us plau?	puðri′^{e} pusa′rm^e‿l rruðä′t, ßi uß pla′u
Entwickeln Sie bitte diesen Film.	Reveli aquesta pel·lícula, si us plau.	rr^{e}βä′li ^{e}kä′ßt^e p^{e}lli′kul^e, ßi uß pla′u
Bitte von jedem Negativ einen Abzug,	Si us plau, una còpia (una ampliació) de cada negatiu	ßi uß pla′u, u′n^e kɔ′pi^e (un‿^{e}mpli^{e}ßio′) ð^e ka′ð^e n^{e}γ^{e}ti′u
– neun mal neun.	– nou per nou.	nɔ′u p^{e}r nɔ′u
– neun mal dreizehn.	– nou per tretze.	nɔ′u p^{e}r tre′ds^e
Wann kann ich die Bilder abholen?	Quan puc recollir les fotos?	kua′m puk rr^{e}kulji′ l^{e}ß fo′tuß
Können Sie diesen Apparat reparieren?	Que podria reparar-lo, aquest aparell?	k^e puðri′^{e} rr^{e}p^{e}ra′rlu, ^{e}kä′ßt‿^{e}p^{e}rä′lj
***Der Auslöser (Das Blitzlicht)* funktioniert nicht.**	El *disparador (flash)* no funciona.	^{e}l disp^{e}r^{e}ðo′ (flasch) no funßio′n^e

Tabak / Papier / Bücher

Ein Päckchen ... *mit (ohne)* Filter, bitte.	Un paquet de ... *amb (sense)* filtre, si us plau.	um p^{e}kä′d‿d^e ... ^{e}m (ße′nß^e) fi′ltr^e, ßi uß pla′u
Haben Sie deutsche Zigaretten?	Tenen cigarrets alemanys?	te′nen ßiγ^{e}rrä′ds‿^{e}l^{e}ma′njß
Ich möchte bitte ...	Doni'm ..., si us plau.	do′nim ..., ßi uß pla′u
– zehn *Zigarren (Zigarillos).*	– deu *cigars, puros (cigars petits, purets)*	dä′u ßiγa′rß, pu′ruß (ßiγa′rß p^{e}ti′tß, purä′tß)

– eine Dose *(Pfeifen-, Zigaretten-)*Tabak.	– una capsa de picadura *(per a pipa, per fer cigarrets)*	u'n^e ka'pß^e ð^e pik^{e}ðu'r^e (p^{e}r^e pi'p^e, p^{e}r fe' ßiγ^{e}rrä'tß)
– eine Packung *Pfeifenreiniger (Zigarettenpapier)*.	– un paquet *d'escura-pipes (de paper de fumar)*	um p^{e}kä'd‿^{e}ßkur^{e}pi'p^{e}ß (d^e p^{e}pe' ð^e fuma')
– eine Schachtel Streichhölzer.	– una capsa de llumins	u'n^e ka'pß^e ð^e ljumi'nß
– ein Feuerzeug.	– un encenedor	un ^{e}nß^{e}n^{e}ðo'
– eine Ansichtskarte.	– una postal	u'n^e pußta'l
– einen Bildband von ...	– un llibre de fotografies de ...	un lji'βr^e ð^e futuγrafi'^{e}s ð^e
– Briefpapier.	– paper d'escriure	p^{e}pe' ð^{e}ßkri'ur^e
– Briefumschläge.	– sobres	ßo'βr^{e}ß
– einen Kugelschreiber.	– un bolígraf	um buli'γr^{e}f
– einen Reiseführer.	– una guia turística	u'n^e γi'^{e} turi'ßtik^e
– einen Stadtplan.	– un pla de la ciutat	um pla ð^e l^e ßiuta't
– eine deutsche Zeitung.	– un diari alemany	un dia'ri ^{e}l^{e}ma'nj
– ein Wörterbuch Katalanisch-Deutsch.	– un diccionari català-alemany	un dikßiuna'ri k^{e}t^{e}la' ^{e}l^{e}ma'nj

Kleidung und Reinigung

Kann ich das anprobieren?	M'ho puc emprovar?	mu pu'k ^{e}mpruβa'
Ich brauche Größe ...	Necessito la talla ...	n^{e}ß^{e}ßi'tu l^e ta'lj^e
Das ist mir zu *eng (kurz, lang, groß)*.	Em va *estret (curt, llarg, gran)*.	^{e}m ba‿ßträ't (kurt, ljark, γran).
Das paßt *gut (nicht)*.	*Em va (No em va)* bé.	^{e}m ba (nom ba) βe
Ich möchte ein Paar ...	Voldria unes ...	buldri'^{e} u'n^{e}s
– Sandalen.	– sandàlies.	ß^{e}nda'li^{e}ß
– Wanderschuhe.	– botes d'excursionista.	βɔ't^{e}s ð^{e}kßkurßiuni'ßt^e
– Stiefel.	– botes.	βɔ't^{e}ß
Sie sind zu *eng (weit)*.	Em van massa *estretes (amples)*.	^{e}m bam ma'ß‿^{e}ßträ't^{e}ß‿ (a'mpl^{e}ß)
Ich möchte das *reinigen (waschen)* lassen.	Voldria fer *netejar (rentar)* això.	buldri'^{e} fe n^{e}t^{e}Ga' (rr^{e}nta')‿schɔ'
Wann ist es fertig?	Quan estarà?	kua'n‿^{e}ßt^{e}ra'

Wortliste

Anzug	el vestit d'home	^{e}l β^{e}ßti'd‿dɔ'me
Badeanzug, -hose	el vestit de bany, l'eslip	^{e}l β^{e}ßti'd‿d^e βanj, l^{e}sli'p
Bluse	la brusa	l^e βru's^e
Büstenhalter	els sostenidors	^{e}lß ßußt^{e}niðo'ß
Gürtel	el cinturó	^{e}l ßinturo'
Handschuhe	els guants	^{e}ls γua'nß
Hemd	la camisa	l^e k^{e}mi's^e
Hose	els pantalons	^{e}lß p^{e}nt^{e}lo'nß
– kurze Hose	els pantalons curts	^{e}lß p^{e}nt^{e}lo'nß kurtß
Hut	el barret	^{e}l β^{e}rrä't
Jacke	el gec, la jaqueta	^{e}l Gäk, l^e G^{e}kä't^e
Kleid	el vestit (de dona)	^{e}l β^{e}ßti't (d^e ðɔ'n^e)
Kopftuch	el mocador (de cap)	^{e}l muk^{e}ðo' (ð^e kap)
Kostüm	el vestit jaqueta	^{e}l β^{e}ßti'd G^{e}kä't^e
Krawatte	la corbata	l^e kurβa't^e
Mantel	l'abric *m*	l^{e}βri'k
Mütze	la gorra / la boina	l^e γo'rr^e / l^e βɔ'in^e
Pullover	el jersei	el G^{e}rßä'i
Regenmantel	l'impermeable *m*	limp^{e}rm^{e}a'bbl^e

Rock	les faldilles	l^{e}ß f^{e}ldi'lj^{e}ß
Schal	el xal / la bufanda	^{e}l schal / l^e βufa'nd^e
Socken	els mitjons	^{e}ls mitGo'nß
Strümpfe	les mitges	l^{e}s mi'dG^{e}ß
Unterhose	els calçotets	^{e}lß k^{e}lßutä'tß
Unterhemd	la samarreta, la camiseta	l^e ß^{e}m^{e}rrä't^e, l^e k^{e}misä't^e

Verschiedenes

Armband	el braçalet	^{e}l βr^{e}ß^{e}lä't
Ball	la pilota	l^e pilɔ't^e
Bindfaden	el cordill / el fil d'empalomar	^{e}l kurði'lj / ^{e}l fil d^{e}mp^{e}luma'
Büchsenöffner	l'obrellaunes *m*	lɔβr^{e}lja'un^{e}ß
Flaschenöffner	l'obreampolles *m*	lɔβr^{e}mpo'lj^{e}ß
Fleckenwasser	el (líquid) llevataques	^{e}l (li'kid) lj^{e}β^{e}ta'k^{e}ß
Klebstoff	la goma (d'enganxar) / la pega	l^e γo'm^e (ð^{e}ng^{e}nscha') / l^e pä'γ^e
Knopf	el botó	^{e}l βuto'
Korkenzieher	el tirabuixó	^{e}l tir^{e}βuscho'
Modeschmuck	la bijuteria	l^e βiGut^{e}ri'^{e}
Plastikbeutel	la bossa de plàstic	l^e βo'ß^e ð^e pla'ßtik
Porzellan	la porcellana	l^e purß^{e}lja'n^e
Puppe	la nina	l^e ni'n^e
Regenschirm	el paraigua	^{e}l p^{e}ra'iγu^e
Reißverschluß	la cremallera	l^e kr^{e}m^{e}lje'r^e
Schallplatte	el disc	^{e}l dißk
Sicherheitsnadel	l'agulla imperdible, la imperdible	l‿^{e}γu'lj‿imp^{e}rði'bbl^e, limp^{e}rði'bbl^e
Sonnenbrille	les ulleres de sol	l^{e}s ulje'r^{e}s ð^e ßɔl
Spazierstock	el bastó (de passeig)	^{e}l β^{e}ßto' (ð^e p^{e}ße'tsch)
Stickerei	el brodat	^{e}l βruða't
Taschenlampe	la llanterna (de butxaca)	l^e lj^{e}nte'rn^e (ð^e βutscha'k^e)
Taschenmesser	el ganivet (de butxaca)	^{e}l γ^{e}nißä't (d^e βutscha'k^e)
Thermometer	el termòmetre	^{e}l t^{e}rmɔ'm^{e}tr^e
Thermosflasche	el termos	^{e}l tä'rmuß
Vase	el gerro	^{e}l Gä'rru
Waschpulver	el detergent (en pols)	^{e}l d^{e}t^{e}rGe'n (^{e}m polß)

Friseur

Herrenfriseur	barber, perruquer	b^{e}rβe', p^{e}rruke'
Herrensalon	barberia, perruqueria	b^{e}rβ^{e}ri'^{e}, p^{e}rruk^{e}ri'^{e}
Damenfriseur	perruquer	p^{e}rruke'
Damenfriseuse	perruquera	p^{e}rruke'r^e
Damensalon	perruqueria de senyoras	p^{e}rruk^{e}ri'^{e} ð^e ß^{e}njo'r^{e}ß
Können Sie mir einen guten Friseur empfehlen?	Pot recomanar-me un bon perruquer?	pɔd rr^{e}kum^{e}na'rm^e‿um bɔm p^{e}rruke'
Ich möchte mich für morgen anmelden.	Voldria hora per a demà.	buldri'^{e} ɔ'r^e p^{e}r ^{e} ð^{e}ma'
Waschen und legen, bitte!	Rentar i marcar, si us plau!	rr^{e}nta' i m^{e}rka', ßi uß pla'u
Schneiden und fönen, bitte!	Tallar i assecar, si us plau!	t^{e}lja' j^{e}ß^{e}ka', ßi uß pla'u
Bitte *nicht zu kurz* *(ganz kurz)*.	*No gaire (Ben)* curts.	no γa'ir^e (ben) kurtß

Bitte einen Messerschnitt!	Amb navalla, si us plau!	^{e}m n^{e}βa'lj^e, ßi uß pla'u
Ich möchte eine Dauerwelle.	Faci'm la permanent, si us plau.	fa'ßim l^e p^{e}rm^{e}ne'n, ßi uß pla'u
Ich möchte mein Haar *färben (tönen)* lassen.	Em voldria fer *tenyir (matisar)* els cabells.	^{e}m buldri'^{e} fe t^{e}nji' (m^{e}tisa') ^{e}lß k^{e}βä'ljß
Den Scheitel *links (rechts)*.	La ratlla a *l'esquerra (la dreta)*.	l^e rra'llj^e‿^{e}l^{e}ßkä'rr^e (l^e ðrä't^e)
Bitte *kein (nur wenig)* Haarspray.	*Sense (Només una mica de)* laca.	ße'nß^e (nume's u'n^e mi'k^e ð^e) la'k^e
Machen Sie auch Maniküre?	Que fan també la manicura?	k^e fan t^{e}mbe' l^e m^{e}niku'r^e

Toilettenartikel

Bürste	el raspall(et)	^{e}l rr^{e}ßpa'lj, rr^{e}ßp^{e}ljä't
Damenbinden	les compreses (higièniques)	l^{e}ß kumprä's^{e}ß (iǤiä'nik^{e}ß)
Gesichtswasser	la loció facial	l^e lußio' f^{e}ßia'l
Haarfestiger	la laca	l^e la'k^e
Handcreme	la crema per a les mans	l^e kre'm^e p^{e}r^e l^{e}s manß
Kamm	la pinta	l^e pi'nt^e
Kölnisch Wasser	la (l'aigua de) colònia	l^e (la'iγu^e ð^e) kulɔ'ni^e
Mundwasser	el (líquid) dentifrici	^{e}l (li'kid) d^{e}ntifri'ßi
Nagellack	l'esmalt per a les ungles *m*	l^{e}sma'lt p^{e}r^e l^{e}s‿u'ngl^{e}ß
Nagellackentferner	el dissolvent	^{e}l dißulβe'n
Papiertaschentücher	els mocadors de paper	^{e}ls muk^{e}ðo's ð^e p^{e}pe'
Parfüm	el perfum	^{e}l p^{e}rfu'm
Puder	les pólvores	l^{e}ß po'lßur^{e}ß
Rasierwasser	la loció d'afaitar	l^e lußio' ð^{e}f^{e}ita'
Seife	el sabó	^{e}l ß^{e}βo'
Shampoo	el xampú	^{e}l sch^{e}mpu'
Sonnenöl	l'oli bronzejador *m*	lɔ'li bruns^{e}Ǥ^{e}ðo'
Tampons	els tampons	^{e}lß t^{e}mpo'nß
Toilettenpapier	el paper higiènic	^{e}l p^{e}pe' iǤiä'nik
Watte	el cotó fluix	^{e}l kuto' flusch
Zahnbürste	el raspallet de les dents	^{e}l rr^{e}ßp^{e}ljä'd d^e l^{e}s ðenß
Zahnpasta	la pasta de dents, el dentifrici	l^e pa'ßt^e ð^e ðenß, ^{e}l d^{e}ntifri'ßi

Gesundheit

Apotheke

Wo ist die nächste Apotheke (mit Nachtdienst)?	On és la farmàcia més propera (de guàrdia)?	on‿e's l^e f^{e}rma'ßi^e meß prupe'r^e (ð^e γua'rði^e)
Geben Sie mir bitte etwas *gegen (für)* ...	Doni'm algún remei *contra (per a)* ..., si us plau.	do'nim ^{e}lγu'n rr^{e}mä'i kɔ'ntr^e (p^{e}r^e) ..., ßi uß pla'u

Medikamente

Abführmittel	el laxant, la purga	^{e}l l^{e}kßa'n, l^e pu'rγ^e
Augentropfen	el col·liri	^{e}l kulli'ri
Beruhigungsmittel	el calmant	^{e}l k^{e}lma'n
Binde	la bena	l^e βä'n^e

ABANS / DESPRÉS DELS ÀPATS	**vor / nach dem Essen**
ABANS D'ANAR A DORMIR	**vor dem Schlafengehen**
DEIXAR QUE ES DISSOLGUI A LA BOCA	**im Munde zergehen lassen**
EN DEJÚ	**auf nüchternen Magen**
SEGONS PRESCRIPCIÓ MÈDICA	**nach Anweisung des Arztes**
SENSE MASTEGAR	**unzerkaut**
TRES VEGADES AL DIA	**dreimal täglich**
ÚS EXTERN / ÚS INTERN	**äußerlich / innerlich**

Brandsalbe	la pomada per a cremades	l^e puma'ð^e p^{e}r^e kr^{e}ma'ð^{e}ß
Grippetabletten	les pastilles contra la grip, els comprimits antigripals	l^{e}ß p^{e}ßti'lj^{e}ß kɔ'ntr^e l^e γrip, ^{e}lß kumprimi'ds‿ ‿antiγripa'ls
Gurgelwasser	l'aigua per a gargarismes *f*	la'iγu^e p^{e}r^e γ^{e}rγ^{e}ri'sm^{e}ß
Hustensaft	el xarop *per a la tos (pectoral)*	^{e}l sch^{e}rɔ'p p^{e}r^e l^e toß (p^{e}ktura'l)
Insektenschutzmittel	la *loció (crema)* contra els insectes / l'insecticida *m*	l^e lußio' (kre'm^e) kɔ'ntr^e‿ls‿inße'kt^{e}ß / linß^{e}ktißi'ð^e
Jod(tinktur)	el (la tintura de) iode	(l^e tintu'r^e ð^e) ljɔ'ð^e
Kamille(ntee)	la (infusió de) camamilla	l^e (imfusio' ð^e) k^{e}m^{e}mi'lj^e
Kohletabletten	les pastilles de carbó vegetal	l^{e}ß p^{e}ßti'lj^{e}s ð^e k^{e}rβo' β^{e}G^{e}ta'l
Kreislaufmittel	el tonic circulatori	^{e}l tɔ'nik ßirkul^{e}tɔ'ri
Magentabletten	els comprimits estomacals	^{e}lß kumprimi'ds‿ ‿^{e}ßtum^{e}ka'lß
Nasentropfen	les gotes per al nas	l^{e}s γo't^{e}ß p^{e}r‿^{e}l naß
Ohrentropfen	les gotes per a les orelles	l^{e}s γo't^{e}ß p^{e}r‿^{e} l^{e}s‿urä'lj^{e}ß
Pfefferminze	la menta	l^e me'nt^e
Pflaster	les tiretes, l'esparadrap *m*	l^{e}ß tirä't^{e}ß, l^{e}ßp^{e}r^{e}dra'p
Präservative	els preservatius, els condons	^{e}lß pr^{e}s^{e}rβ^{e}ti'uß, ^{e}lß kundo'nß
Salbe	la pomada	l^e puma'ð^e
Schlaftabletten	les pastilles per dormir	l^{e}ß p^{e}ßti'lj^{e}ß p^{e}r ðurmi'
Schnellverband	l'embenatge d'urgència *m*	l^{e}mb^{e}na'dG^e ðurGä'nßi^e
Tablette	la pastilla, el comprimit	l^e p^{e}ßti'lj^e, ^{e}l kumprimi't
Vitaminpräparat	el combinat de vitamines	^{e}l kumbina'd‿d^e βit^{e}mi'n^{e}ß

Arzt / Krankenhaus

Ich muß (dringend) einen Arzt aufsuchen.	He de consultar un metge (amb urgència).	e ð^e kunßulta' um me'dG^e (^{e}mb‿urGä'nßi^e)
Wo finde ich hier einen . . .	On puc trobar aquí un . . .	on puk truβa'‿ki' un
– Augenarzt?	– oculista?	ukuli'ßt^e
– Chirurgen?	– cirurgià?	ßirurGia'
– Frauenarzt?	– ginecòleg?	Gin^{e}kɔ'l^{e}k
– Hals-, Nasen-, Ohrenarzt?	– oto-rino-laringòleg?	ɔ'turrinul^{e}ringɔ'l^{e}k
– Hautarzt?	– dermatòleg?	d^{e}rm^{e}tɔ'l^{e}k
– Internisten?	– internista?	int^{e}rni'ßt^e
– Kinderarzt?	– pediatre?	p^{e}ðia'tr^e

– Nervenarzt?	– neuròleg?	n^{e}urɔ'l^{e}k
– Urologen?	– uròleg?	urɔ'l^{e}k
– Zahnarzt?	– dentista?	d^{e}nti'ßt^e
Wann hat er Sprechstunde?	Quines són les hores de consulta?	ki'n^{e}ß ßon l^{e}s‿ɔ'r^{e}s ð^e kunßu'lt^e
Ich fühle mich nicht wohl.	No em trobo bé.	nom trɔ'βu βe'
Mir wird oft übel.	Tinc nàusees sovint.	ting na'use^{e}ß ßuβi'n
Ich habe mich übergeben.	He vomitat.	e βumita't
Ich bin von ... *gestochen (gebissen)* worden.	M'ha *picat (mossegat)* un(a) ...	ma pika't (muß^{e}γa't) u'n(^{e})
Ich bin gestürzt.	He caigut.	e k^{e}iγu't
Hier tut es weh.	Aquí em fa mal.	^{e}ki' ^{e}m fa mal
Ich bin Diabetiker.	Sóc diabètic(a).	ßog ði^{e}βä'tik(^{e})
Ich bin im 3. Monat schwanger.	Estic (embarassada) de tres mesos.	^{e}ßti'k (^{e}mb^{e}r^{e}ßa'ð^e) ð^e träs mä'suß
Ich nehme regelmäßig diese Medikamente.	Prenc aquests medicaments regularment.	präng ^{e}kä'ds m^{e}ðik^{e}me'ns rr^{e}γularme'n
Ich habe ... gegessen.	He menjat ...	e m^{e}nǤa't
Ich vertrage die Hitze nicht.	No suporto la calor.	no ßupɔ'rtu l^e k^{e}lo'
Ich habe mich erkältet.	M'he refredat.	me rr^{e}fr^{e}ða't
Ich habe (starke) Zahnschmerzen.	Tinc (molt) mal de queixal.	ting (mol) mal d^e k^{e}scha'l
Dieser Backenzahn (oben, unten, links, rechts) tut weh.	Aquest queixal d'aquí (dalt, baix, a l'esquerra, a la dreta) em fa mal.	^{e}kä't k^{e}scha'l d^{e}ki' (ðal, βasch, ^{e}l^{e}ßkä'rr^e, ^{e}l^e ðrä't^e) ^{e}m fa mal
Ich habe eine *Füllung (Krone)* verloren.	He perdut *un empastament (una corona)*.	e p^{e}rðu't un ^{e}mp^{e}ßt^{e}me'n (u'n^e kuro'n^e)
Mir ist ein Schneide- (Backen-)Zahn abgebrochen.	Se m'ha trencat una dent (un queixal).	ß^e ma tr^{e}nka't u'n^e ðen (un k^{e}scha'l)
Können Sie diese Prothese reparieren?	Em pot reparar aquesta pròtesi?	^{e}m pɔd rr^{e}p^{e}ra'‿^{e}kä'ßt^e prɔ't^{e}si
Bitte geben Sie mir etwas *gegen die Schmerzen (zum Einschlafen)*.	Si us plau, doni'm alguna cosa *contra el dolor (per dormir)*.	ßi uß pla'u, do'nim‿^{e}lγu'n^e kɔ's^e kɔ'ntr^e‿l dulo' (p^{e}r ðurmi')
Wann darf ich aufstehen?	Quan podré llevar-me?	kua'm puðre' lj^{e}βa'rm^e
Wie lange muß ich hier bleiben?	Quant de temps hi hauré d'estar, aquí?	kua'n d^e tems j‿^{e}ure' ð^{e}ßta', ^{e}ki'

Krankheiten

Abszeß	l'abscés *m*	l^{e}pße'ß
Atembeschwerden	la respiració fatigosa	l^e rr^{e}ßpir^{e}ßio' f^{e}tiγo's^e
Ausschlag	l'erupció *f*	l^{e}rupßio'
Blähungen	les flatulències	l^{e}ß fl^{e}tulä'nßiß
Blinddarmentzündung	l'apendicitis *f*	l^{e}p^{e}ndißi'tiß
***Hoher (niedriger)* Blutdruck**	la pressió arterial *alta (baixa)*	l^e pr^{e}ßio' ^{e}rt^{e}ria'l a'lt^e (βa'sch^e)
Blutung	l'hemorràgia *f*	l^{e}murra'Ǥi^e
Blutvergiftung	la septicèmia	l^e ß^{e}ptißä'mi^e
Bruch / Knochenbruch	l'hèrnia *f* / la fractura òssia	lä'rni^e / l^e fr^{e}ktu'r^e ɔ'ßi^e
Durchfall	la diarrea	l^e ði^{e}rre'^{e}

Entzündung	la inflamació	l^e imfl^{e}m^{e}ßio'
Erkältung	el refredat, el constipat	^{e}l rr^{e}fr^{e}ða't, ^{e}l kunßtipa't
Fieber	la febre	l^e fe'βr^e
Gehirnerschütterung	la commoció cerebral	l^e kummußio' ß^{e}r^{e}βra'l
Grippe	la grip	l^e γrip
Halsschmerzen	el mal de coll	^{e}l mal ð^e kɔlj
Herzinfarkt	l'infart de miocardi *m*	limfa'rd‿d^e miuka'rði
Heuschnupfen	la febre del fenc	l^e fe'βr^e ð^{e}l feng
Infektion	la infecció	l^e imf^{e}kßio'
Ischias	la ciàtica	l^e ßia'tik^e
Kopfschmerzen	el mal de cap	^{e}l mal d^e kap
Krampf	l'espasme *m*	l^{e}ßpa'sm^e
Krankheit	la malaltia	l^e m^{e}l^{e}lti'^{e}
Kreislaufstörungen	trastorns circulatoris	tr^{e}ßto'rnß‿ßirkul^{e}tɔ'riß
Lebensmittelvergiftung	la intoxicació alimentària	l^e intukßik^{e}ßio' ^{e}lim^{e}nta'ri^e
Migräne	la migranya	l^e miγra'nj^e
Ohnmacht	el desmai	^{e}l d^{e}sma'i
Rheuma	el reuma	^{e}l rrä'um^e
Schlaganfall	l'atac *m* de feridura, l'apoplexia *f*	l^{e}ta'g ð^e f^{e}riðu'r^e, l^{e}pupl^{e}kßi'^{e}
Sehnenzerrung	la distorsió (d'un tendó), l'esquinç *m*	l^e ðißturßio' (ðun t^{e}ndo'), leßki'nß
Sonnenbrand	la cremada de sol	l^e kr^{e}ma'ð^e ð^e ßɔl
Sonnenstich	la insolació	l^e inßul^{e}ßio'
Typhus	el tifus	^{e}l ti'fuß
Verletzung	la lesió, la ferida	l^e l^{e}sio', l^e f^{e}ri'ð^e
Verstopfung	el restrenyiment	^{e}l rr^{e}ßtr^{e}njime'n
Wunde	la ferida	l^e f^{e}ri'ð^e
Zuckerkrankheit	la diabetis	l^e ði^{e}βä'tiß

Körperteile

Arm	el braç	^{e}l βraß
Auge	l'ull *m*	lulj
Bauch	el ventre	^{e}l βe'ntr^e
Bein	la cama	l^e ka'm^e
Brust	el pit	el pit
Darm	els budells	^{e}ls βuðe'ljß
Finger	el dit	^{e}l dit
Fuß	el peu	^{e}l pä'u
Geschlechtsorgane	els genitals	^{e}ls G^{e}nita'lß
Gesicht	la cara	l^e ka'r^e
Hals	el coll	^{e}l kɔlj
Hand	la mà	l^e ma
Herz	el cor	^{e}l kɔr
Knöchel	el turmell	^{e}l turme'lj
Kinn	el mentó, la barbeta	^{e}l m^{e}nto', l^e β^{e}rβä't^e
Knochen	l'os *m*	lɔß
Kopf	el cap	^{e}l kap
Leber	el fetge	^{e}l fe'dG^e
Magen	l'estómac *m*	l^{e}ßto'm^{e}k
Mund	la boca	l^e βo'k^e
Nase	el nas	^{e}l naß
Niere	el ronyó	^{e}l rrunjo'
Ohr	l'orella *f*	lurä'lj^e
Rücken	l'esquena *f*	l^{e}ßkä'n^e
Schulter	l'espatlla *f*	l^{e}ßpa'llj^e
Wirbelsäule	la columna vertebral, l'espinada *f*	l^e kulu'mn^e β^{e}rt^{e}βra'l, l^{e}ßpina'ð^e
Zahn *(Backen-)*	el queixal	^{e}l k^{e}scha'l
Zahn *(Schneide-)*	la dent	l^e ðen
Zunge	la llengua	l^e lje'ngu^e

Wichtige Orts- und Landschaftsnamen im katalanischen Sprachgebiet

Da vielfach auf Landkarten, in Reiseführern usw. die spanischen bzw. französischen Namen von Städten und Landschaften im katalanischen Sprachgebiet angegeben sind und deutsche Touristen oft eine Ortschaft schlecht identifizieren können (z. B. franz. **Le Boulou** ist kat. **El Voló**, span. **Lérida** ist kat. **Lleida**), bringen wir nachstehend ein kleines Glossar mit den katalanischen Äquivalenten einiger spanischer bzw. französischer geographischer Namen:

Katalanisch	*Spanisch*
Alacant	*Alicante*
Alguer (Sardinien)	*Alguero (ital. Alghero)*
Borriana	*Burriana*
Castelló de la Plana	*Castellón de la Plana*
l'Ebre	*el Ebro*
Eivissa	*Ibiza*
Eltx	*Elche*
l'Empordà	*el Ampurdán*
Empúries	*Ampurias*
Figueres	*Figueras*
Gandia	*Gandía*
Girona	*Gerona*
la Jonquere	*la Junquera*
Lleida	*Lérida*
el Maestrat	*el Maestrazgo*
Maó	*Mahón*
Montlluís (östl. Pyrenäen)	*franz. Mont-Louis*
Perpinya	*Perpiñán (franz. Perpignan)*
Pollença (Mallorca)	*Pollensa*
Prada (östl. Pyrenäen)	*Prades*
Roses	*Rosas*
Terrassa	*Tarrassa*
la Vall d'Aran	*el Valle de Arán (franz. le Val d'Aran)*
Vilafanca del Penedès	*Villafranca del Panadés*
la Vila Joiosa (Alicante)	*Villajoyosa*
Vilanova i la Geltrú	*Villanueva y Geltrú*
Vinarós	*Vinaroz*
el Voló	*franz. Le Boulou*
Xàtiva	*Játiva*
Xixona	*Jijona*

Register